Matti Parmakoski,

Helgas Ehemann. Er bewegt sich nicht gerne und zuckt manchmal innerlich mit den Schultern.

Marlon Parmakoski,

Elisas Bruder. Er ist vierzehn und kann seit einigen Monaten nicht mehr sprechen. Er brummt nur noch und lebt in seinem Zimmer wie in einer Bärenhöhle.

Die Frau Präsidentin,

eine ziemlich dicke und verwöhnte Katze.

ISBN: 978-3-8337-4371-9

1. Auflage 2021 © **JUMBO** Neue Medien & Verlag GmbH,
Henriettenstraße 42a, 20259 Hamburg
www.jumboverlag.de

Text: Hubert Schirneck
Illustrationen: Franziska Harvey
Lektorat: Lena Eckle
Grafische Bearbeitung: Hanna Wienberg
Druck: FINIDR, s.r.o., Lípová 1965, 737 01 Český Těšín
Tschechische Republik

Das gleichnamige Hörbuch, gesprochen von Anna Thalbach,
Udo Schenk, Felix von Manteuffel, Andreas Fröhlich und vielen anderen,
ist im **JUMBO** Verlag erschienen (ISBN 978-3-8337-4412-9).

Die deutsche Bibliothek – CIP-Einheitsaufnahme

HUBERT SCHiRNECK

DER BAUM GEHÖRT MIR!

Eine Weihnachtsgeschichte

Illustriert von
Franziska Harvey

JUMBO

1. Kapitel
Lonas Zuhause

Lona saß auf ihrem Baum und hörte die Schläge
der Äxte und das Heulen der Motorsägen.
Sie hörte auch die Waldarbeiter, die sich etwas
zuriefen und lachten.
Die Stimmen kamen näher und näher. Schon
waren sie bei Lonas Baum angekommen und
nahmen ihn ins Visier.
„Was erlauben die sich?", dachte Lona. „Es ist
einfach eine Ungeheuerlichkeit, was sich diese
Menschen herausnehmen! Da wohnt man ganz
gemütlich und bescheiden im Wald auf seinem
Baum und tut niemandem etwas zuleide.
Und dann kommen lauter schlecht riechende
Zweibeiner mit ihren Werkzeugen und
haben anscheinend nichts Besseres zu tun,

als einem das Zuhause wegzunehmen."
Sie war wirklich stinksauer. Was wollten die
ausgerechnet mit ihrem Baum? Der Wald war
voll davon. Lona krallte sich mit aller Kraft am
Stamm fest und befahl sich selbst: „Du lässt
nie wieder los, nie im Leben!"
Zwei Männer blieben direkt unter dem Baum
des jungen Eichhörnchenmädchens stehen.
Einer spuckte sich in die Hände und hob die Axt,
und Lona wurde klar: Es war soweit.
Jetzt ließ sie den Stamm doch los und brachte
sich mit zwei Sätzen auf dem Nachbarbaum in
Sicherheit. Sie zitterte so sehr, dass ihr Schwanz
hin- und herwackelte. Sie war zugleich wütend
und traurig. Immerhin war das ihr erster eigener
Baum, den sie bewohnte, seitdem sie bei ihren
Eltern ausgezogen war. Es war ein sehr guter
und großer Baum. Ungeheuer komfortabel.
Die älteren Eichhörnchen hatten ihr schon
manchmal davon erzählt, dass im Dezember
Zweibeiner in den Wald kamen und Bäume fällten,
die dann in Menschenhäuser gestellt wurden.

Und sie sagten zu ihr: „Wenn du irgendwann allein lebst, dann such dir eine schöne große Tanne aus. Die wird wahrscheinlich nicht gefällt, weil sie nicht in die Höhlen der Menschen hineinpasst."

Diesem Rat war sie gefolgt. Ihre Tanne war wirklich groß. Aber nun musste sie erfahren, dass Größe allein nicht vor dem Gefälltwerden schützte.

Sollte sie einfach aufgeben und sich einen neuen Wohnbaum suchen? Nein! Sie wollte um ihr Zuhause kämpfen, statt zu fliehen!

„He, ihr da, haut ab!", rief sie, so laut sie konnte.

„Dieser Baum gehört mir, er ist mein Eigentum! Was fällt euch ein?!"

Die Männer sahen zu ihr hoch, aber sie lachten nur. Offenbar nahmen sie das aufgeregte Eichhörnchen nicht ernst.

Also legte Lona noch einen drauf:

„Wenn ihr meinen Baum fällt, wird es euch schlecht ergehen! Ich werde euch alle auffressen! Hier, seht mal meine scharfen Schneidezähne! Na, Angst?"

Aber die Menschen machten einfach weiter, ganz so, als hätten sie Lona nicht gehört. Doch gerade als einer der Männer mit einer Axt zuschlagen wollte, rief ein anderer: „Halt mal! Den Baum fällen wir nicht. Der ist für die Baumlotterie. Den sollen wir mit den Wurzeln ausgraben und in einen Kübel einpflanzen."

Der Mann mit der Axt war enttäuscht. Bäume zu fällen war nicht nur seine Arbeit, es war seine Leidenschaft. Er murmelte etwas, begann dann aber zusammen mit den anderen Männern, Lonas Baum auszugraben.

Lona war verwirrt. Ausgraben? Das war ihr neu. Sie sah den Waldarbeitern bei der Arbeit zu und wusste nicht, ob sie erleichtert oder wütend sein sollte. Vorsichtshalber war sie beides.

Irgendwann war so viel Erde ausgehoben, dass der Baum umfiel. Wuuusch!

Das versetzte Lonas Herz einen Stich. Wie konnten die Menschen nur so etwas tun?

Verzweifelt rief sie um Hilfe, aber niemand hörte sie. Weder ihre Eltern und Geschwister noch die anderen Verwandten oder Freunde waren in der Nähe. Ganz allein saß sie auf dem Zweig des Nachbarbaumes und konnte nichts tun. Ein kalter, unbarmherziger Greifarm packte den ausgegrabenen Baum und warf ihn auf einen Laster. In diesem Augenblick traf Lona eine folgenschwere Entscheidung: Sie wollte ihren schönen Wohnbaum nicht im Stich lassen! Entschlossen sprang sie auf den Boden, rannte zum Laster und rief:

hätte sie ihn wieder vom Laster geworfen,
aber das ging natürlich nicht. Das hätte selbst
das stärkste Eichhörnchen nicht geschafft.
Während der Fahrt dachte sie an ihre Eltern und
Geschwister. Würde sie ihre Verwandten und
Freunde jemals wiedersehen? Sie hatte ja keine
Ahnung, wohin die Reise ging. Sie dachte auch
an die vielen Vorräte, die sie in der Umgebung
ihres Baumes vergraben hatte. Schließlich
hatte der Winter längst begonnen und sie hatte
sich wirklich ganz tolle Nussvorräte zugelegt.
Nüsse in allen Formen, Farben und Geschmacks-
richtungen: salzig, herb, ganz herb,
süß, sehr süß,
ultrasüß,
megasüß und
noch viel mehr.
Knackig waren sie alle.
Oben auf dem Laster war es
sehr kalt. Saukalt, wie die Eichhörnchen sagen.
Der Wind blies ihr ins Fell, und traurig fuhr
Lona einem ungewissen Schicksal entgegen.

2. Kapitel
Tanne oder Fichte

„Hauptsache groß!", sagte Herr Parmakoski. „Der Baum soll bis unter die Zimmerdecke reichen, wie immer."

„Aber nie wieder eine Fichte!", antwortete Frau Parmakoski entschieden. „Die nadeln viel zu schnell. Das sind richtige Billigbäume, die könnte es auch im Ein-Euro-Laden geben. Es stecken immer noch Fichtennadeln vom letzten Jahr im Teppich."

„Wir müssen wieder eine Fichte nehmen", beharrte Herr Parmakoski. „Tannen sind viel zu teuer. Was sagst du dazu, holde Elisa?"

Die sechsjährige Elisa saß am Tisch und bastelte Weihnachtssterne.

„Die Eltern einer Schulfreundin nehmen an der Baumlotterie teil", sagte sie. „Da gibt's zehn Tannen zu gewinnen. Sogar Edeltannen."

„Zehn Tannen für's ganze Land? Da hat man

doch keine Chance", sagte Herr Parmakoski.

„Sei nicht immer so negativ!", grummelte seine
Frau. „Ich finde Elisas Idee großartig. Wir
machen das einfach. Kostet ja nichts. Ich ruf
da gleich mal an. Die Verlosung ist schon
heute Abend."

„Und wenn wir keine Tanne gewinnen? Dann
stehen wir Heiligabend ohne Baum da."

„Irgendwas Stachliges finden wir auch
Heiligabend noch."

Für Helga Parmakoski war die Sache
beschlossen. Sie telefonierte sofort mit der
Baumlotterie.

Als sie nach ihrem Nachnamen gefragt wurde,
musste sie ihn zweimal buchstabieren. Es war
immer das Gleiche.

„Sag mal, warum haben wir eigentlich so einen schwierigen Familiennamen?", fragte sie, nachdem sie aufgelegt hatte.

„Offenbar kann den kaum jemand aussprechen. Und merken kann ihn sich erst recht niemand."

„Der Name ist schon lange in meiner Familie", erwiderte ihr Ehemann. „Irgendwo wird er schon herkommen."

„Warum heißen wir denn nicht Schmidt oder Müller oder Krause oder von mir aus auch Ahonen?"

Matti Parmakoski zuckte mit den Schultern, aber nur innerlich, weil er der Meinung war, dass zu viel Bewegung schadete.

„Na ja, weil alle so heißen", sagte er. „Dann könnte man uns nicht mehr von den anderen Menschen unterscheiden."

„Man könnte
uns immer noch
unterscheiden,
und zwar am
Vornamen."
„Ja, Helga."
„Ja, Matti, mein Schnuckiputzi."

Beide schwiegen und sahen zu der Zimmerecke
hinüber, in der zu Weihnachten immer der
Baum stand. Ob Fichte oder Tanne, der Baum
war jedes Mal so groß, dass er bis unter die
Zimmerdecke reichte. Und das, obwohl der
Raum wirklich sehr hoch war.
„Wenn es mit der Lotterie nicht klappt", sagte
Herr Parmakoski, „dann haben wir keine Zeit
mehr, einen anderen Baum zu
besorgen. Dann kriegen wir
nur noch Baumabfälle."
„Das wird schon", sagte seine
Frau, und Matti zuckte wieder
innerlich mit den Schultern.

3. Kapitel
Die Baumlotterie

Zum Glück endete die Fahrt, bevor sich das Eichhörnchenmädchen Lona in einen Eiszapfen verwandelt hatte. Der Laster hielt an einer großen Halle, in der schon viele andere Nadelbäume lagen. Die Männer begannen die Bäume abzuladen. Lona hielt sich am Stamm ihrer Edeltanne fest und achtete darauf, dass niemand sie sehen konnte. Dabei machte sie sich so schwer wie möglich, damit die Männer an ihrem Baum wenigstens ordentlich zu schleppen hatten. Einer rief: „Seid besonders vorsichtig, diese Bäume werden eingepflanzt und verlost. Sie sind für die Baumlotterie."

Eingepflanzt? Das hatte einer der Männer im

Wald auch schon gesagt, aber Lona schien das vollkommen sinnlos. Warum sollte man einen Baum erst ausgraben, um ihn dann wieder einzupflanzen? Und was hatte das mit einer Lotterie zu tun? Was war eine Lotterie überhaupt? Sie begriff sehr schnell, dass niemand die Absicht hatte, ihren Baum in den Wald zurückzubringen. Sie pflanzten ihn einfach in einen der großen Kübel, die schon bereit standen.

„Na gut", dachte Lona. „So hat er wenigstens ein bisschen Erde und Wasser."

Das hatte sie von ihrer Oma gelernt: Immer das Positive sehen! Nur als Oma einmal im hohen Alter ein paar Sprünge von Baumwipfel zu Baumwipfel wagte und sich dabei ein wenig in der Entfernung verschätzte, sah sie nicht mehr nur das Positive. Sie sah in diesem Moment vor allem den Waldboden, der auf sie zuraste. Aber das ist eine andere Geschichte.

Zurück zu Lona: Mancher mag sich fragen, wieso sie als junges Eichhörnchen alles verstand, was die Menschen miteinander redeten.

Die Antwort darauf ist nicht schwer: Für Eichhörnchen ist die Sprache der Menschen sehr
einfach. Manche bezeichnen sie sogar als
‚primitiv'. Man kann sie ruckzuck lernen. Schon
als Kind hatte Lona oft den menschlichen
Spaziergängern im Wald zugehört. Dabei begriff
sie schnell, dass bestimmte Wörter besonders
wichtig waren, zum Beispiel Pause, Hunger und
Picknick. Wenn eines dieser Signalwörter
ausgesprochen wurde, waren die Eichhörnchen
höchst aufmerksam.
Es bestand nämlich immer die Chance, dass
etwas zu essen liegenblieb oder dass sie sogar
etwas erbeuten konnten.
Darin sind viele Eichhörnchen (vor allem die im
Park lebenden Verwandten) wahre Meister.

Während Lona also auf die Signalwörter wartete, hörte sie den Gesprächen der Menschen zu und lernte so ihre Sprache. Ganz einfach.

Ansonsten galten die Menschen eher als scheu. Es war bekannt, dass sie in selbstgebauten Höhlen lebten, die sie als ‚Häuser' oder ‚Wohnungen' bezeichneten. Darin schlossen sie sich ein. Sobald sie ihre Behausungen verließen, waren sie allerdings meistens sehr laut und vollkommen unscheu. Wie auch immer, jedenfalls verschwanden sie meistens in ihren Höhlen, und da ließen sie andere Tiere nur ganz selten hinein.

Wahrscheinlich aus Angst, vermutete Lona.

Ihre Oma hatte einmal erzählt: „Sie haben sogar Angst vor Mäusen und Ameisen. Eine Ausnahme machen sie nur bei ihren sogenannten Haustieren. Das sind Katzen, Hunde, Hasen und Schweine. Diese Haustiere lassen sie ins Haus und füttern sie sogar."

Lona stellte sich manchmal vor, sie müsste auch
eine Katze als Haustier haben. Wenn sie nur
daran dachte, standen ihr die Haare zu Berge.
Katzen und Eichhörnchen sind nämlich wie Feuer
und Wasser. Wie Himmel und Hölle. Wie Walnüsse und Haselnüsse. Sie passen einfach nicht
zusammen. Aber wir wollen nicht vorgreifen.
Über Katzen wird später noch zu reden sein.

Nun ging es erst einmal darum, was in der Halle
passierte. Um es kurz zu machen: nicht viel.
Einige der Tannen, die mit auf dem Laster waren,
wurden in Kübel gepflanzt und in einer Ecke
nebeneinander abgestellt. Danach geschah eine
Weile gar nichts. Lona saß in der Krone ihres
Baumes und langweilte sich. Sie könnte ja …
sie könnte einfach durch die große Tür
verschwinden und zurücklaufen in ihren Wald.
Aber sie hatte sich nun einmal in den Kopf

gesetzt, ihren Wohnbaum nicht zu verlassen.

Also blieb sie, wo sie war.

Zum Glück hatte sie in ihren Backen noch ein
paar Haselnüsse, sodass sie nicht verhungern
musste. Nachts, als die Halle menschenleer war,
kletterte sie auf den anderen Bäumen herum,
um zu sehen, ob diese ebenfalls bewohnt waren.
Aber da war niemand.

Das ist eine gute
Gelegenheit,
etwas über Lonas
Namen zu sagen:
In Wirklichkeit hieß
sie Lonanatikarula,
das bedeutet in der
Eichhörnchensprache

‚Die mit der Nuss tanzt'.

Als Kind hatte sie nämlich immer Kunststücke
gemacht. Am liebsten ließ sie Nüsse auf ihrer
Nase tanzen, während sie über ganz dünne Äste
spazierte. Oder sie jonglierte mit Haselnüssen.

Da sich niemand den langen Namen merken konnte, nannten sie alle nur Lona, manchmal auch Loni. Manchmal auch Tika oder Nana oder Karulchen. Aber meistens Lona.

Ach ja, die Baumlotterie. Am Anfang wusste Lona überhaupt nicht, was das bedeuten sollte, doch sie bekam es bald heraus. Alle ‚Kübeltannen' wurden an Menschenfamilien vergeben, die angerufen und ein Kennwort genannt hatten. Eine dieser Familien waren die Parmakoskis. Ja, sie hatten tatsächlich Glück und mussten sich nicht mit Baumabfällen begnügen. Sie hatten ausgerechnet Lonas Wohnbaum mitsamt Kübel gewonnen.
Als Lonanatikarula das mitbekam, wurde sie wieder total wütend. Wie konnten sich diese Menschen herausnehmen, einfach ihren Baum auszugraben und ihn zu verlosen? Er gehörte doch ihr! Man suchte sich als junges Eichhörnchenmädchen einen Baum aus, zog ein und fertig. Alle jungen Eichhörnchen machten das so.

Ihre Familie und Freunde besuchten sie
regelmäßig, aber sie gingen dann auch wieder.
Sie respektierten Lonas Privatsphäre.
Lona hatte aber nicht viel Zeit, wütend zu sein.
Mitsamt Baum wurde sie ein zweites Mal auf
den Laster geladen, und es folgte eine kurze
Fahrt durch die Stadt.

Vor einem ziemlich schönen Einfamilienhaus wurde ihr Baum abgeladen. Lona versuchte die ganze Zeit über, sich sehr klein zu machen, um nicht aufzufallen. Zum Glück bemerkten die Arbeiter auch nicht, dass der Baum etwas schwerer war, als er eigentlich sein müsste.

Lona wog schließlich auch etwas, immerhin ungefähr 200 Gramm. Im Vergleich zu anderen Eichhörnchen war sie sehr kleingewachsen, aber das hatte ihr nie etwas ausgemacht. Wer klein ist, muss weniger essen und kann sich besser verstecken.

Wie auch immer, sie krallte sich jedenfalls in der Krone ihres Baumes fest und wurde mit dem Baum in das Haus der Parmakoskis getragen.

An der Haustür spielte sie kurz mit dem Gedanken, einfach abzuspringen und wegzurennen.

Aber dann dachte sie grimmig: „Nein, das könnt ihr vergessen! Das ist mein Baum, und zwar für immer!"

4. Kapitel
Ein Baum heiratet nicht

Der Baum wurde eine Treppe hinaufgetragen und in einer Ecke des Wohnzimmers abgestellt.

Das Wohnzimmer war wirklich riesig, sodass die große Edeltanne gut hineinpasste.

„Herzlichen Glückwunsch!", sagten die Baumträger und gingen wieder.

Die ganze Familie Parmakoski stand um den Baum herum: Herr und Frau Parmakoski, die kleine Elisa und der vierzehnjährige Marlon.

Und dann ging das große Schwärmen los.

Der Vater: „Was für ein Baum!"

Die Mutter: „Herrlich!"

Die Tochter: „Wahnsinn!"

Der Sohn: „Hmmhmmhm."

Der Vater: „So einen tollen Baum hatten wir noch nie!"

Die Mutter: „Noch nie im Leben! Gut, dass
wir an der Lotterie teilgenommen haben!"
Die Tochter: „Wahnsinn! Doppelwahnsinn! Das
wird das schönste Weihnachten aller Zeiten!"
Der Sohn: „Hmmhmmhm."
Man muss dazu sagen, dass Marlon vor
einiger Zeit seine Fähigkeit zu
sprechen verloren hatte.
Er konnte neuerdings
nur noch brummen.
Wie ein Bär.
Niemand konnte
sich das erklären.
War es möglich,
dass jemand
im Alter von
vierzehn Jahren
einfach das Sprechen
verlernte?
Elisa war die Einzige, die eine Vermutung hatte:
„Er brummt wie ein Bär, und das könnte
bedeuten, dass er sich in einen Bären verwandelt.

Zuerst ändert sich
seine Sprache, dann
wahrscheinlich
auch sein
Aussehen:
Er bekommt
überall Haare,
vor allem dort,
wo jetzt sein
Gesicht ist.
Und irgendwann

wachsen ihm wahrscheinlich Krallen, mit
denen er die Möbel zerkratzt. Ich sehe schon
genau vor mir, wie er sich dann am Türbalken
den Rücken schubbert."
Für Elisas Theorie sprach auch, dass es in
Marlons Zimmer inzwischen roch wie in einer
Bärenhöhle, und diese Höhle verließ er nur
noch selten. Meistens saß er dort an seinem
Computer und machte Spiele, stunden- und
tagelang. Woraus sich die Frage ergab: Können
Bären eigentlich einen Computer bedienen?

Lona hatte unterdessen ganz andere Fragen, zum Beispiel diese: „Wie stelle ich es an, dass mich diese Menschen nicht sehen, wo sie doch alle da unten stehen und gar nicht aufhören können, zu mir hoch zu starren?"

Sie machte sich so dünn, dass sie hinter dem Stamm des Baumes verschwand. Allerdings begannen die Menschen, den Kübel mit dem Baum hin und her zu drehen. Sie wollten herauskriegen, von welcher Seite die Tanne am schönsten aussah. So musste sich Lona immer ganz flink am Stamm entlanghangeln, um nicht entdeckt zu werden.

Endlich sagte Matti, der Familienvater: „So, jetzt steht er richtig. So lassen wir ihn." Offenbar war er der Weihnachtsbaumexperte der Familie.

Lona atmete erleichtert auf, weil sie überhaupt keine Lust mehr hatte, sich ständig ein neues Versteck zu suchen. Doch dann bekam sie einen riesigen Schreck: Zu den vier Familienmitgliedern da unten gesellte sich noch ein fünftes hinzu.

EINE KATZE!!!

Dieses fünfte
Familienmitglied
unterschied sich
von den anderen:

Es hatte nicht nur zwei Beine, sondern vier.

Es hatte Fell.

Es hatte einen buschigen Schwanz.

Es hatte Schnurrhaare.

Es war ganz eindeutig – eine Katze!

Lona wurde augenblicklich schlecht.

Das war eine dieser Situationen, in der sie
sich normalerweise übergab, aber sie hatte
den ganzen Tag noch nichts gegessen, und
deshalb war nichts da zum Übergeben. Zum
Glück! Es wäre doch recht auffällig gewesen,
wenn sich Lonas Mageninhalt über die Köpfe
dieser Zweibeiner ergossen hätte.

Das hätte zumindest Fragen aufgeworfen:
„Nanu, wo kommt das denn her? Hat der Baum
Magenprobleme? Ist ihm von dem langen
Transport schlecht geworden?"
Jetzt bereute Lona, dass sie sich vor zehn
Minuten nicht dazu entschlossen hatte, das
Weite zu suchen und auf ihren Baum zu
verzichten. Wie kam sie aus diesem Haus jetzt
wieder heraus?
Der Katze des Hauses war natürlich längst klar,
dass da nicht nur einfach ein Baum vor ihr
stand. Sie hatte das Eichhörnchen zwar noch
nicht entdeckt, aber sie wusste, dass es da war.
Sie konnte es riechen.
„Da oben ist ein Eichhörnchen!", miaute sie.
„Es hat sich in unser Haus eingeschlichen.
Lasst mich auf den Baum klettern. Ich will
es auffressen!"
Die vier Menschen hörten natürlich nur ein
aufgeregtes „Miau! Miau! Miau!", und sie
wunderten sich darüber, dass die Katze an
dem Baum hochsprang.

„Was hat sie denn nur?",
fragte die Mutter
irritiert. „Das hat
sie doch noch
nie gemacht. Das
ist ja schließlich
nicht unser erster
Weihnachtsbaum.
Und an diesem hängen
noch nicht mal Kugeln."

„Hör auf, Frau Präsidentin!", befahl Elisa.
„Hmmhmmhm", brummte Marlon und runzelte
die Stirn.
Die Katze, die auf den exklusiven Namen
Frau Präsidentin hörte (beziehungsweise die
meistens nicht auf diesen oder auf irgendeinen
Namen hörte), dachte gar nicht daran, sich zu
beruhigen.
„Ein Eichhörnchen!", miaute sie wieder und
wieder. „Ein Eichhörnchen! Warum versteht
mich denn niemand?"
Das stimmte nicht ganz.

Lona verstand die Katze, denn sie kannte die Sprache der Katzen. Die hatte sie in der Schule gelernt. Die Lehrerin hatte immer gesagt: „Es ist wichtig, dass wir die Sprache unserer Feinde kennen. Damit wir immer wissen, was sie über uns sagen."

Auch Elisa beherrschte die Katzensprache ein wenig, und sie dachte darüber nach, was die Frau Präsidentin so aufregte. Da oben auf dem Baum war irgendetwas. Aber was? Schließlich schnappte sich Elisa das unaufhörlich miauende Wollknäuel und sperrte es in ihr Zimmer.

„Wollen wir ihn gleich schmücken?", fragte Matti.

„Heute ist es schon zu spät", sagte Helga.

„Lasst uns zu Abend essen und früh ins Bett gehen. Den Baum schmücken wir morgen in aller Ruhe."

Lona spitzte die Ohren. Den Baum schmücken? Was bedeutete das nun schon wieder? Menschen schmücken sich manchmal, das war ihr klar. Sie hängten sich Ketten um und steckten

sich Ringe an die Finger. Auch Eichhörnchen schmückten sich manchmal, zum Beispiel wenn sie zu einer Party gingen oder wenn sie heirateten. Eine Tanne ging nicht zu einer Party, und sie heiratete auch nicht. Warum sollte man sie dann schmücken?

Ihr wurde klar, dass sie an diesem Abend keine Antwort mehr auf ihre Frage bekommen würde. Die Menschen machten das Licht aus und verließen das Zimmer. Lona hörte danach noch zwei Stunden lang Geräusche aus den anderen Zimmern, dann wurde es endlich still in der riesigen Menschenhöhle.

5. Kapitel
Das Paradies?

Lona wartete lange.

Zwei Stunden, drei Stunden. Erst mitten in der
Nacht wagte sie es, ihren Baum zu verlassen.
Dabei bewegte sie sich langsam und ganz
vorsichtig. Das klingt einfacher, als es war.
Eichhörnchen bewegen sich normalerweise
sehr schnell. Sie lieben es, den Baumstamm
hinaufzujagen und tollkühn von Ast zu Ast
zu springen.

Im Vergleich dazu bewegte sich Lona jetzt in
Zeitlupe. Sie wollte nach Möglichkeit überhaupt
kein Geräusch machen. So brauchte sie zwei
Minuten, um von der Krone des Baumes auf den
Fußboden zu gelangen. Dieser war ganz anders,
als sie es aus dem Wald gewohnt war.

Kein Moos, kein weicher Boden. Stattdessen ein
rätselhaftes buntes Geflecht, das sich an den
Pfoten ganz seltsam anfühlte.

Nicht unangenehm, fand Lona. Nur anders.

Sie begann, das Wohnzimmer zu erkunden.

Auch jetzt bewegte sie sich langsam, blieb
immer wieder reglos stehen und lauschte.

Doch allmählich verlor sie ihre Angst und ging
forscher ans Werk. Sie sah unter die Sofas
und Sessel und untersuchte die Schränke.

Sie begriff sehr schnell, wie diese zu öffnen
waren, denn Lona war ein sehr kluges
Eichhörnchenmädchen.

Das hatten ihre Lehrerinnen und Lehrer schon
immer gesagt. In den Beurteilungen stand
jedes Mal: „Lona ist eine sehr intelligente
Schülerin, der das Lernen leichtfällt. Wenn sie
etwas fleißiger wäre, könnte sie ganz besonders
großartige Leistungen erzielen und die beste
Schülerin in ihrer Klasse werden."

Die Beste wollte Lona eigentlich nie sein. Es
genügte ihr, sie selbst zu sein: Lona. Und das war
bis heute so geblieben. Na gut, ein bisschen faul
war sie tatsächlich. Und ein bisschen eigenwillig.

Aber zurück zu den Schränken. In denen fand
Lona alles Mögliche: seltsam geformte,
durchsichtige Gefäße und lauter Krimskrams, von
dem sie gar nicht wusste, wozu er gut war und
was er zu bedeuten hatte. Was sie nicht fand, war
etwas zu essen. Das war schlecht. Zumal sie die
Anwesenheit von Nüssen riechen konnte. Aber
wo waren die? Sie musste wohl das Wohnzimmer
verlassen. Sie sah sich die Tür an und die
dazugehörige Klinke.

„Kein Problem", dachte sie. „Ich habe schon
vorhin bei den Menschen gesehen, wie man das
bedient. Einfach runterdrücken."

So einfach war die Sache aber doch nicht. Denn
sie wusste nicht, was hinter der Tür lauerte.

Es konnte eine große Gefahr sein. Eine Gefahr
mit Schnurrhaaren. Es konnte die Katze sein.

Aber wer immer zögert, erreicht nichts im Leben.
Das wusste Lona, und so fasste sie sich ein
Herz und drückte die Klinke herunter. Sie steckte
ihre Nase durch die Türöffnung und schnupperte.
Es roch natürlich nach Katze, aber das war nur
der ‚In diesem Haus lebt eine Katze'-Geruch, der
ja permanent in solchen Behausungen vorhan-
den ist. Es war nicht der ‚Hinter der Tür lauert
eine Katze'-Geruch. Zum Glück.
Lona wurde mutiger. Sie schnupperte sich durch
die Diele und sah einige geschlossene Türen,
hinter denen sich die Schlafzimmer der Familie
befanden. Das verrieten die Schnarchgeräusche,
die durch die Türen drangen. In einem Zimmer
war das Geräusch besonders laut. Dort schlief
Matti. Bei den Eichhörnchen gab es auch
Schnarcher, deshalb war ihr das nicht ganz
unbekannt.
Sie ging durch eine offenstehende Tür ins Badezimmer. Von solchen Menschenräumen hatte
sie schon gehört, aber sie hatte noch nie einen
gesehen. Seltsam, wie hier drin alles glänzte.

Das musste alles
ungeheuer wertvoll sein!
Aber sie wusste nicht,
wozu all diese
Apparaturen gut waren.
Lona folgte weiter dem
Duft der Nüsse und gelangte
in die Küche. Sie sprang auf den
Tisch und fand dort eine große Schüssel voller
Walnüsse. Und das Beste daran: Die Walnüsse
waren riesig! So große Walnüsse hatte Lona
noch nie gesehen! Vor Aufregung standen ihr
die Haare zu Berge. Auch die Ohren hatte
Lona steil aufgestellt, und ihre Augen waren
fast so groß wie die Nüsse.
Jetzt war ihr klar, dass sie im Paradies gelandet
war. Ein Paradies mit kleinen Fehlern, ganz klar.
Man denke nur an die Katze.
Aber dennoch: Wo Walnüsse in dieser Menge
einfach so herumlagen, musste das Paradies
sein, das Eichhörnchenparadies.
„Wenn das jetzt meine Eltern und meine

Geschwister sehen könnten", dachte Lona.

„Und Oma. Die würden alle Augen machen!"

Sie nahm eine der Walnüsse aus der Schüssel, was gar nicht so einfach war. Sie musste die Vorderbeine ganz weit auseinanderstrecken. Mit der Nuss am Tischbein hinabzuklettern, war unmöglich.

So warf sie die Nuss einfach auf den Boden, was einen Höllenlärm machte. Schnell sprang sie hinterher und rollte die Nuss bis ins Wohnzimmer. Keuchend kam sie dort an.

Ihr Herz schlug so laut, dass sie glaubte, man müsste es einen Kilometer weit hören.

Deshalb blieb sie eine Minute lang regungslos stehen. Sie lauschte in die Tiefen der Wohnung hinein und wartete, bis ihr Herzschlag wieder normal war.

Danach tat sie das,
was Eichhörnchen seit
Anbeginn der Welt tun:
Sie vergrub die Nuss.
Sie machte ein Loch in
den Teppich und schob die
Nuss darunter. Das sah natürlich nicht so schön
ordentlich aus wie im Wald: Es war eine ziemlich
große Beule zu sehen. Lona betrachtete diese
von allen Seiten und kam irgendwann zu dem
Schluss, dass es wahrscheinlich nicht besser
ging. Das war schließlich ein Haus und kein
Wald. Das musste man hinnehmen.
Sie lief zurück in die Küche, sprang wieder auf
den Tisch und schnappte sich eine weitere
Riesennuss, als sie plötzlich ein Geräusch
hörte, das ihr überhaupt nicht gefiel: Es klang
genauso wie das Fauchen einer Katze. Und
das lag daran, dass es tatsächlich das Fauchen
einer Katze war.
Lona lugte über den Rand des Tisches, und
da unten saß dieses dicke Haustier mit dem

komischen Namen. Lona konnte sich schon
denken, warum sie Frau Präsidentin genannt
wurde. Doch im Moment war das nebensächlich.
Es ging ums nackte Überleben. Denn die Katze,
so dick sie auch war, setzte zum Sprung an.
Lona warf ihr kurzerhand eine Nuss auf den
Kopf, was einen verdutzten Gesichtsausdruck
bei der Katze hervorrief. Gleichzeitig gab sie
ein empörtes „Miau" von sich.

6. Kapitel
Das Duell der Blicke

Die Schallwellen dieses
„Miaus" schwebten durch die
ganze Wohnung, drangen sogar
ins Elternschlafzimmer und in Mattis Ohr,
der gerade von einem Fußballspiel träumte.
Er war Stürmer einer berühmten Mannschaft.
Gerade sollte er einen Elfmeter schießen. Er
stand bereit, um Anlauf zu nehmen, und sah
nach links hinüber zum Schiedsrichter. Dieser
steckte die Pfeife in den Mund und blies hinein.
Aber es kam kein Pfiff heraus, sondern ein
Miauen. Matti war darüber sehr verwundert.
Er lief trotzdem an und schoss den Ball weit
übers Tor. Die Zuschauer auf der Tribüne
begannen nun auch zu miauen, und sogar der
Torwart miaute. Matti drehte sich verärgert
auf die andere Seite und träumte einen
anderen Traum.

Währenddessen blickte Lona sehr konzentriert
über den Rand des Küchentisches, hinab auf
die Katze, die Erzfeindin aller Eichhörnchen. Als
Kind hatte Lona sehr viel über Katzen gelernt.
Sie war der Meinung, dass die Sprache der Katzen
viel komplizierter war als die der Menschen.
Allein dieses Miauen!
Man hat herausgefunden, dass das Miauen einer
Katze mindestens dreihundertsiebenundachtzig
verschiedene Bedeutungen haben kann.
Einige davon sind:
„Ich habe Hunger."
„Ich hasse dich."
„Bleib mir vom Leib!"
„Kraule mich,
Mensch!"
„Hör auf, mich
zu kraulen!"
„Ich gehe aufs
Katzenklo."
„Nein, ich gehe
doch nicht."

„Ich bin die tollste Katze der Welt."

„Weiß jemand, ob noch Fressen in der Schüssel ist?"

„Das Wetter war gestern irgendwie besser."

„Das Wetter war gestern irgendwie schlechter."

„Ich bin die tollste Katze des Universums."

„Warum spielt denn keiner mit mir?"

Und so weiter.

Dieses halblaute Miauen aber bedeutete etwas anderes: „Wer zum Kuckuck wirft mir da einfach etwas auf den Kopf? Und was war das eigentlich? Eine Nuss? Was für eine Unverschämtheit! Und das auch noch von einem halbstarken Eichhörnchen? Na, warte!"

Die Verblüffung der Katze dauerte nur wenige Sekunden. Dann starrte sie wieder hinauf zu dem frechen Eindringling und setzte erneut zum Sprung an. Doch als sie auf der Tischplatte landete, war Lona längst weg.

Sie saß auf dem höchsten Küchenschrank. Sie schätzte, dass sie hier vor der Katze sicher war. Damit lag sie völlig richtig.

Frau Präsidentin versuchte sich zu erinnern, wann sie das letzte Mal auf diesem Schrank gewesen war, aber sie kam nicht drauf. Das musste in einem anderen Jahrzehnt gewesen sein. Als sie noch richtig schlank war. Jetzt begann ein nettes Katz-und-Eichhörnchenspiel. Lona saß hoch oben unter der Zimmerdecke, Frau Präsidentin saß in Sichtweite auf dem Boden, bewegte ihren Schwanz aufgeregt hin und her und starrte nach oben. Schade, dass Lona hier auf dem Schrank keine Nüsse hatte. Sonst hätte sie die Katze nach Herzenslust bewerfen können.

So blieb ihr nichts anderes übrig, als zu warten. Es verging eine halbe Stunde, eine Stunde, zwei Stunden.

Nach zwei Stunden und dreiundvierzig Minuten fing die Katze an zu blinzeln. Das war nämlich die Zeit, in der sie normalerweise von ihrem nächtlichen Streifzug zurückkam und sich zu Elisa ins Bett legte. Dort schlief sie schon immer,

von Anfang an. Ihre Gewohnheiten waren der
Frau Präsidentin nämlich sehr wichtig. Fast
schon heilig, könnte man sagen. Und jetzt war
dieser kleine Eindringling in ihrer Küche und
hielt sie … gähn … vom … gähn … Schlafen ab.
Lona war hellwach und sehr aufmerksam.
Sie fixierte die Katze, ohne nur ein einziges Mal
zu blinzeln. Es sah aus, als wollte Lona sie
hypnotisieren. Und dann war es soweit:
Die Katze schloss langsam die Augen und fing
an zu wanken. In dieser Sekunde sprang Lona
mit einem lauten Kampfschrei auf ihren Kopf,
rannte mit einem Affenzahn aus der Küche, über
den Flur, ins Wohnzimmer und den Baum hinauf.
Frau Präsidentin war jetzt auch wieder wach.
Sie schrie, jedoch eher vor Überraschung als
vor Schmerz. Natürlich jagte sie Lona hinterher,
aber sie kam erst fünf Sekunden später an der
Edeltanne an. Jetzt begann das Spiel von vorn:
Die Katze unten, das Eichhörnchen oben.
Ein Duell der Blicke. Aber jetzt machte
es Lona nicht mehr so viel aus.

In der Baumkrone war sie schließlich zu Hause, und sie wusste, dass die Katze sie nicht erreichen konnte.

Die Schreie der Tiere hatten das ganze Haus durchdrungen. Helga brummte unwillig und murmelte: „Was ist denn da los?"
Matti zuckte innerlich mit den Schultern und drehte sich auf die andere Seite.
Marlon hörte nichts. Absolut nichts. Er schlief so tief wie eine ganze Familie von Siebenschläfern.
Die Einzige, die richtig munter wurde, war Elisa.
Sie stand auf, tappte zu ihrer Zimmertür und weiter durch den Flur bis ins Wohnzimmer.
Es drang nur wenig Licht von draußen herein, aber sie sah die Umrisse der Katze, wie sie regungslos vor dem Baum saß.
Elisa machte das Licht an, und die Katze miaute, ohne ihren Platz zu verlassen und ohne sich umzudrehen. In diesem Fall bedeutete das Miauen: „Schau mal, was für ein Früchtchen ich hier gefunden habe. Sie war in der Küche

und stahl Nüsse. Ist das zu glauben? Bricht einfach in unser Haus ein. Darf ich sie fressen?"

Elisa verstand genau, und sie antwortete:

„Nein, das darfst du nicht. Lass unseren Gast in Ruhe und geh in mein Zimmer."

Gast? Frau Präsidentin drehte sich nun doch zu Elisa um. Hatte sie richtig gehört?

„Ja, du hast richtig gehört", sagte Elisa, packte die Katze am Schlafittchen und trug sie in ihr Zimmer.

Dann ging Elisa wieder ins Wohnzimmer, stellte sich vor den Baum und sagte: „Ich weiß, dass du da oben bist. Ich wusste das schon vorhin."

7. Kapitel
Soll ich oder soll ich nicht?

Lonas Herz schlug sehr schnell. Sie wusste nicht, wie sie sich verhalten sollte. Vom Baum springen und weglaufen? Aber wohin?

Die Haustür war sicher zu. Und zu diesem Zeitpunkt wusste sie noch nichts über Katzenklappen. Die sollte sie erst später kennenlernen. Da es keine Fluchtmöglichkeit gab, versuchte sich Lona in der Krone zu verstecken.

„Du brauchst überhaupt keine Angst vor mir zu haben", fuhr das Mädchen fort. „Ich heiße Elisa, bin sechs Jahre alt und mag Tiere. Ich finde Tiere total toll, ganz besonders Eichhörnchen."

„Wie kann jemand gleichzeitig Katzen und Eichhörnchen mögen?", fragte Lona, und zu ihrer Überraschung bekam sie direkt eine Antwort.

„Das geht schon. Ich weiß, dass ihr eigentlich Feinde seid. Aber das müsste gar nicht sein, finde ich. Wusstest du, dass euch die Menschen in manchen Gegenden Eichkatzen nennen? Wir nicht, wir sagen ganz normal Eichhörnchen."

„Ha, das ist unmöglich!", platzte es aus Lona heraus. „Wir sollen Katzen sein? Das ist eine Unmöglichkeit. Eine Frechheit. Ein Unding, wie meine Oma immer sagt."

Jetzt erst fiel ihr auf, dass sie mit einem Menschenkind sprach, genauso, als wäre es ein Eichhörnchen oder ein anderes Waldtier.

„Wieso kannst du unsere Sprache verstehen?", fragte sie.

Elisa zuckte mit den Schultern: „Keine Ahnung. Ich kann das einfach."

Sie schwiegen ein paar Sekunden lang.

Dann sagte Lona leise: „Mein Baum wurde ausgegraben. Deshalb bin ich hier."

„Das tut mir sehr leid", antwortete Elisa. „Sie sollten keine Bäume ausgraben oder fällen, auf denen Eichhörnchen leben."

„Auf allen Bäumen leben Tiere. Vögel zum Beispiel. Oder Käfer und Ameisen. Die haben dann kein Zuhause mehr", antwortete Lona.

Elisa war wirklich verlegen, obwohl es ja nicht sie war, die den Baum ausgegraben hatte. Aber sie hatte sich jedes Jahr zu Weihnachten über den geschmückten Baum gefreut. Und nie darüber nachgedacht, dass das ein Zuhause für Tiere sein könnte.

„Komm, ich zeige dir die Wohnung."

„Auf keinen Fall. Da unten wartet doch deine gefräßige Katze."

„Nein, ich habe sie in mein Zimmer gesperrt."

„Und wenn sie die Tür aufmacht?"

„Das schafft sie nicht. Dafür ist sie zu dumm."

Lona musste lächeln. Die Frau Präsidentin war also zu dumm, um eine Tür zu öffnen.

Sollte sie es wagen? Sollte sie ihre sichere Baumkrone verlassen? War dieses Menschenkind, das sich ‚Elisa' nannte, wirklich vertrauenswürdig? Immerhin verstand sie Lonas Sprache. Das war schon etwas Besonderes.

Elisa schaute mit großen Augen zu ihr hoch und sagte: „Du kannst ruhig herunterkommen. Ich tue dir nichts. Ich kann aber verstehen, wenn du noch ein wenig warten willst. Bis morgen vielleicht."

Nun ja, ein Feigling war Lona garantiert nicht! Was hatte sie nicht schon für Kämpfe im Wald gewonnen! Vor allem gegen Nussdiebe verschiedener Art. Darunter waren auch Tiere, die deutlich größer waren als sie. Sie war zwar ein zu klein geratenes Eichhörnchenmädchen, aber sie wusste, wie man sich verteidigte. Und falls dieses Menschenkind ein falsches Spiel spielte, dann würde Lona sie derart in die Hand beißen, dass diese ihr Leben lang daran denken würde!

Also kletterte Lona den Stamm hinab, immer
nur ein paar Schritte. Blieb stehen, schnupperte,
kletterte weiter. Genauso, wie sie es gelernt
hatte. Bis sie unten war.

Das Menschenkind hatte sich inzwischen auf
den Teppich gesetzt und streckte dem Eichhörnchen die Hand entgegen. Was sollte das
bedeuten? Sollte Lona die Hand beschnuppern?
Oder daran lecken? Hineinbeißen?

„Ich bin Elisa. Ich bin sechs Jahre alt", sagte
das Mädchen noch einmal, obwohl Lona das
ja schon wusste. Elisa zog ihre Hand zurück,
als sie begriff, dass das Händeschütteln

wohl nicht zu den Gepflogenheiten der Eichhörnchen gehörte.

„Wie begrüßt ihr euch, wenn ihr euch irgendwo
unterwegs trefft?", fragte sie.

„Wir sehen uns tief in die Augen", antwortete
Lona und zog sich halb hinter den großen Kübel
zurück, in dem ihre Tanne stand.

„Wir geben uns die Hand", sagte Elisa. „Aber
ich weiß eigentlich nicht, warum."

„Ist ja auch seltsam", sagte Lona. „Du kannst
doch nicht einfach deine Hand weggeben.
Die brauchst du doch noch. Ich würde nie
jemandem eine meiner Pfoten geben."

Elisa lachte. Lona schnupperte in die Luft und
witterte keine Gefahr. Also kam sie vorsichtig
hinter dem Kübel hervor. Was für ein Abenteuer!

„Ich weiß viel über euch Menschen", sagte sie.
„Ich sehe euch immer im Wald beim Spazieren-
gehen. Ihr seid zwar meistens laut, aber
manchmal macht ihr Picknick und lasst etwas
Essbares zurück, das ist gut. Euren Müll
allerdings solltet ihr immer mitnehmen."

„Ja, ich war auch schon wandern mit meinen Eltern und habe Eichhörnchen gesehen. Aber du warst nicht dabei."

„Sehen wir denn nicht alle gleich aus für euch Menschen?"

„Nein, du siehst anders aus. Du bist besonders niedlich. Dein Fell ist sehr schön."

Lona mochte es eigentlich nicht besonders, wenn sie als ‚niedlich' bezeichnet wurde. Ihre Eltern benutzten dieses Wort oft. Stark, wild oder gefährlich hätte Lona besser gefallen.

Sie beschloss, ab jetzt überhaupt keine Angst mehr zu haben und kam so nah an Elisa heran, dass diese sie hätte berühren können.

„Ich heiße übrigens Lona."

„Ein sehr schöner Name!", sagte Elisa und sprang auf. „Bitte folge mir, Lona! Ich mache eine Führung durch unser Schloss."

„Ein Schloss ist das?", fragte das Eichhörnchen mit großen Augen.

„Nein, das war nur Quatsch", lachte das Mädchen. „Es ist eine ganz normale Vierzimmerwohnung."

8. Kapitel
In welchem Wald wachsen denn all diese Dinge?

Vierzimmerwohnung. Welche seltsamen Wörter
dieses Menschenkind verwendete! Lona merkte,
dass sie noch viel über die Menschen lernen
musste. Nun konnte sie erst einmal mit dem
Thema ‚Wie wohnen diese Menschen eigentlich?'
beginnen.

„Am liebsten würde ich dir zuerst mein Zimmer
zeigen", sagte Elisa. „Aber da ist ja die Katze drin.
Also machen wir das später. So, hier ist also
das Wohnzimmer, das kennst du schon. Ich kann
dir die Küche zeigen, aber die kennst du ja
auch schon."

Lona dachte an die riesigen Nüsse: „Macht nichts, ich hab da noch längst nicht alles gesehen."

Als sie in der Küche waren, musste Lona sich beherrschen, um nicht auf den Tisch zu springen und eine Walnuss aus der Schüssel zu holen.

Das würde sie später erledigen.

Hinter der Küche war noch ein anderer, sehr kleiner Raum.

„Das ist unsere Vorratskammer", sagte Elisa beiläufig.

Es war klar, dass dies für das Mädchen eine Selbstverständlichkeit war. Sie sah das jeden Tag.

Aber Lona bekam riesige Augen! Was waren das für Dinge? Körbe mit Obst und Gemüse standen da. Gläser und Büchsen mit seltsamen Aufschriften. Gefäße mit Wasser und anderen Flüssigkeiten.

„Was ist das alles?"

„Na ja, unsere Lebensmittel. Das, was wir so essen und trinken."

„Ihr müsst aber einen tollen Wald hier in der Nähe haben, in dem ihr all diese Dinge ernten könnt. Das ist ja der Wahnsinn!"

Elisa lachte: „Die Sachen kommen nicht aus dem Wald, sondern vom Wochenmarkt und aus dem Supermarkt und so. Klar, das kannst du nicht kennen. Im Wald gibt's ja keinen Supermarkt."

Elisa bemerkte Lonas hungrigen Blick und fragte: „Möchtest du etwas essen? Vielleicht eine Möhre?"

„Äh, nein, ich bin doch kein Hase. Eine Walnuss wäre mir lieber."

„Ach, Nüsse kannst du so viel haben, wie du willst. Es ist doch Weihnachten."

Das hörte Lona natürlich gerne. Dieses Weihnachtsfest sollten sie bei sich im Wald auch einführen. Das war anscheinend das große Fest der Nüsse.

Sie schnappte sich eine Walnuss, rollte sie ins Wohnzimmer und vergrub sie ebenfalls unterm Teppich. Natürlich ganz heimlich, das ist nun einmal so bei Eichhörnchen.

Schnell huschte sie wieder in den Flur.

„Wir können noch Marlons Zimmer anschauen, wenn du willst", sagte Elisa.

„Aber er schläft doch."

„Eben. Er hat einen sehr tiefen Schlaf. Er würde nicht einmal aufwachen, wenn man neben seinem Bett Traktor fahren würde."

„Einen Traktor hab ich schon gesehen. Auf einem Feld, nicht weit weg vom Baum meiner Eltern."

Eine kleine Traurigkeit schwebte durch ihren Kopf, aber Lona schob sie schnell beiseite. Ihre Eltern würde sie schon wiedersehen, da war sie sich ganz sicher.

„Wollen wir?", fragte Elisa.

Sie öffnete die Tür zu Marlons Zimmer und machte das Licht an. Sie gab sich dabei überhaupt keine Mühe, besonders leise zu sein.

„Das ist die Höhle meines Bruders", sagte sie laut und hielt sich schnell die Nase zu. Es roch wirklich nicht gut. „Ich glaube, er hat seit einem Jahr nicht mehr gelüftet."

Marlon lag mit offenem Mund auf dem Rücken und schnarchte halblaut.

„Du kannst ruhig auf ihm herumlaufen", fuhr Elisa fort. „Schau mal."

Sie stieß ihren Bruder an und schaukelte ihn hin und her, soweit sie das vermochte mit ihren kleinen Armen. Marlon schnaufte und brabbelte irgendetwas, drehte sich auf die Seite und schlief weiter.

Der Boden war übersäht mit Klamotten, Zeitschriften und vielen anderen Dingen, die Lona nicht kannte. Sie sah, dass unter all dem Kram ein alter, ziemlich verschmutzter Teppich lag mit lauter Linien und seltsamen Zeichen.

„Das ist sein alter Verkehrsteppich", erklärte Elisa. „Den hat er schon sehr lange. Er wollte ihn eigentlich schon längst wegwerfen, aber das geht ja nicht, weil immer eine Menge Zeug drauf liegt."

Auf dem Schreibtisch stand ein Computer, der nicht ausgeschaltet war. Der Bildschirm zeigte ein wildes, sehr buntes Bild. Neben dem Computer standen schmutzige Tassen und Teller.

„Was für ein Saustall!", sagte Elisa und schüttelte den Kopf.

„Ein Saustall?",
fragte Lona erstaunt.
„Heißt das, bei

Schweinen sieht es auch so aus?"

„Nein, nein!", lachte Elisa. „Bei Schweinen ist es

viel sauberer. Und riecht besser. Das ist nur so

eine Redensart. Meine Mama sagt das immer:

Was für ein Saustall!"

Sie gingen wieder ins Wohnzimmer, setzten sich

unter den Weihnachtsbaum und knackten Nüsse.

Lona betrachtete den Nussknacker, den Elisa

benutzte, mit großem Interesse. Seltsam, was die

Menschen so alles erfanden! Sie selbst machte

das natürlich mit den Zähnen. Und sie aß sich

richtig satt.

„Du kannst dir jederzeit neue Nüsse holen in der

Küche. Es sind ja genügend da. Im Keller ist

noch ein riesiger Korb voller Walnüsse. Die haben

wir selbst geerntet in unserem Garten."

„So etwas habe ich noch nie gesehen", sagte

Lona und schüttelte ihr kleines Köpfchen.

„Wahnsinn!"

„Es freut mich total, dass dir die Nüsse schmecken. Du bist ab jetzt meine neue Freundin. Wenn du willst."

„Ja, natürlich will ich."

Elisa streckte wieder ihre Hand aus und sagte: „Na dann, auf gute Freundschaft!"

Lona legte ihre rechte Pfote vorsichtig in Elisas Hand. Diese drückte sanft zu und schüttelte die Pfote.

„Jetzt bin ich aber wirklich hundemüde", sagte
Elisa und stand auf. „In drei Stunden gibt es
schon Frühstück. Und danach wird der Baum
geschmückt."
Sie winkte gähnend und verschwand in ihrem
Zimmer.
„Hundemüde",
dachte Lona.
„Wieder ein
neues Wort,
das mit Tieren
zu tun hat.
Hoffentlich gibt
es in diesem
Haus nicht auch
noch einen Hund."

Da sie selbst auch ziemlich müde war, wollte
sie nicht weiter darüber nachdenken und
legte sich ebenfalls schlafen. Natürlich nicht
in einem Bett, sondern in der Krone ihres Baumes.

9. Kapitel
Marlon spricht!

Lona schlief ungewöhnlich lange. Kein Wunder
nach der aufregenden Nacht. Als sie erwachte,
schien die Wintersonne ins Zimmer und beleuchtete
die Tanne auf ganz wundervolle Weise. Lona
war ein wenig verzaubert davon. Sie blinzelte in
die Sonne und hing ihren Gedanken nach.
Fast wäre sie wieder eingedöst, doch plötzlich
wurde die Tür aufgerissen, und es begann ein
Heidenlärm. Ein Geschnatter von Stimmen,
denn die ganze Familie kam hereingestürmt,
und alle trugen seltsam klirrende Kartons.
Was war denn hier los?
Sogar Marlon war dabei. Na gut, er stürmte
nicht herein. Er trottete eher hinterdrein,
schlechtgelaunt und brummend. Ein Grizzly
eben. Und er trug eine Stehleiter. Die anderen
aber benahmen sich, als wären sie aufgezogen.

Ihre Augen leuchteten, und sie
hörten nicht auf, durcheinander
zu reden. Die Kartons wurden
auf den Teppich gelegt und
geöffnet. Lauter buntes Zeug
kam zum Vorschein, alles glitzerte,
leuchtete und klirrte. Farbige
Kugeln, Kerzenhalter und kleine
Blechvögel wurden ausgepackt.
„Zuerst die Kerzen!", rief Matti.
Die Kerzen waren nicht echt. Sie
waren elektrisch. Gut für Lona.
Matti begann die Lichterkette
um den Baum zu schlingen
und die künstlichen Kerzen
festzumachen. Lona sah
ängstlich zu und versteckte
sich hinter dem Stamm. Sogar
Frau Präsidentin kam jetzt herein und
stolzierte zwischen den Kartons herum.
Plötzlich fiel ihr das Eichhörnchen wieder ein.
Sie begann den Baum anzumiauen,

und zuckte aufgeregt mit dem Schwanz.

„Oh, ich brauch eine Pause", sagte Matti und setzte sich in einen Sessel. Na klar, er hatte schon fast fünf Minuten lang Schwerstarbeit geleistet mit diesen elektrischen Kerzen. Die waren ja auch so unheimlich schwer zu heben, weil jede von ihnen eine Tonne wog. In seinem Beruf brauchte Matti sich nicht zu bewegen. Da saß er den ganzen Tag am Schreibtisch. Helga kramte in einem der Kartons herum, auf der Suche nach ihrer Lieblingsweihnachtsbaumkugel. Diese Unaufmerksamkeit ihrer Eltern nutzte Elisa aus. Sie kletterte ein paar Stufen auf der Leiter nach oben und zischte Lona zu: „Wir müssen den Baum schmücken. Das machen wir immer an Heiligabend. Versteck dich irgendwo!"

„Komm lieber von der Leiter herunter. Du kannst den Baum unten herum schmücken", sagte Helga.

„Und mit wem sprichst du da überhaupt?"

Mütter kriegen eben immer alles mit.

„Das war … äh … das war der Geist der Weihnacht. Er wohnt im Weihnachtsbaum."

Mama schüttelte den Kopf: „Der Geist der Weihnacht. Das hab ich ja noch nie gehört. Hoffentlich isst er uns nichts weg."

Matti beendete seine Pause und stieg auf die Leiter, um die Kerzen weiter oben anzubringen. Lona fühlte sich in die Enge getrieben. Wo sollte sie hin? Unten auf dem Boden waren all diese Menschen. Und dort war vor allem auch die doofe Katze. Lona sah hinüber zum Bücherregal. Das war ganz schön weit weg. Ob sie den Sprung schaffen würde? Egal, sie musste es versuchen. Als Matti nicht hinsah, sprang sie ab. Es war knapp, aber sie schaffte es geradeso auf das Regalbrett. Fast wäre sie abgestürzt. Matti und Helga hatten nichts gesehen oder gehört. Doch Elisa hatte den Sprung bemerkt.

Und leider auch Marlon.
Er war in den letzten
Monaten derart in die Höhe
geschossen, dass er fast auf
Augenhöhe mit Lona war.
„Ein Eichhörnchen", sagte
er halblaut.
Alle erstarrten und hörten
mit dem auf, was sie
gerade taten. Sie sahen
aber nicht etwa hinauf auf
das Bücherregal, sondern
sie sahen zu Marlon.
„Hast du das gehört?",
fragte Matti seine Frau.

„Mir war eben so, als hätte unser Sohn etwas gesagt. Richtige Wörter. Fast schon ein richtiger Satz. Er hat doch seit Monaten nicht mehr geredet."

„O ja, es spricht!", mischte sich Elisa ein.

„Wer hätte das gedacht? Halleluja!"

Marlon aber starrte weiterhin das Bücherregal an. Er hob den Arm, zeigte auf eine bestimmte Stelle auf dem Regal und wiederholte seinen rätselhaften Ausspruch: „Ein Eichhörnchen!"

Jetzt sahen die anderen auch dorthin, aber Lona war schneller. Sie verschwand geschickt hinter einem dicken Buch mit dem Titel *Alle Sterne unseres Weltalls. Von A bis Z.* Das Buch war wirklich sehr dick, und das schlanke Eichhörnchen konnte sich bequem dahinter verbergen.

Die dicke Katze saß am Boden und fauchte das Buch an. Offenbar mochte sie keine Bücher.

Oder keine Sterne.

„Auweia, jetzt sieht er schon Eichhörnchen", sagte Helga. „Vielleicht müssen wir mit ihm zum Arzt gehen."

Marlon verzog das Gesicht, schlurfte davon und

schloss sich bis zum Mittag in seiner Höhle ein.

Matti zuckte innerlich mit den Schultern, steckte die letzte elektrische Kerze an und schob den Stecker in die Steckdose.

„Hurra! Der Baum leuchtet!", rief er und streckte in Gedanken die Arme in die Luft.

„Hurra! Der Baum leuchtet!", riefen jetzt alle im Chor. Das war ein Ritual, das sie jedes Jahr zu Weihnachten durchführten. Nur dass diesmal Marlon fehlte. Aber er hörte es in seinem Zimmer und brummte heimlich mit: „Hm-hm! Hm hm hm-hm!" Elisa war erleichtert, weil bisher alles ziemlich gut gelaufen war. Aber ihr war klar, dass sich Lona nicht bis in alle Ewigkeit hinter dem dicken Buch verstecken konnte. Irgendwann würden die Eltern sie entdecken, und Elisa wusste nicht, wie sie reagieren würden. Vielleicht würden sie Angst bekommen und einen Kammerjäger anrufen.

10. Kapitel
Das merkwürdige Lamettawesen

Helga hatte ihre Lieblingskugel gefunden und suchte einen schönen Platz dafür aus. O ja, dieser Ast dort, der war doch ideal! Nun wurden auch alle anderen Kugeln an den Baum gehängt. Außerdem selbstgebastelte Sterne, Glöckchen, kleine Weihnachtsmänner aus Blech und sogar Plätzchen.

Und als wäre das noch nicht genug, wurde ganz am Schluss noch Lametta über die Äste des Baumes gehängt. Lametta schien in diesem Haus eines der wertvollsten Dinge überhaupt zu sein, denn es wurde nie weggeworfen. Nach Weihnachten wurden die einzelnen Lamettafäden immer sehr sorgfältig abgenommen und wieder in den Karton gelegt, für das nächste Jahr.

Matti und Helga stritten sich jedes Mal darüber. „Dieses Lametta ist so billig, das können wir doch im nächsten Jahr neu kaufen", schimpfte Matti immer.

Und Helga antwortete für gewöhnlich: „Nein, das kommt nicht in Frage. Bei uns zu Hause wurde das Lametta immer schön aufbewahrt. Warum soll man es nach einem einzigen Weihnachten wegwerfen? Das wäre doch Verschwendung. Stell dir vor, wie viel Arbeit es macht, einen Lamettafaden herzustellen. Das dauert bestimmt Tage oder Wochen. Echte Handarbeit. Und dann sollen wir es achtlos wegwerfen?"

„Handarbeit? Dafür gibts doch Lametta-maschinen!"

Lona betrachtete das alles aus ihrer sicheren Deckung hinter dem Sternebuch. Was geschah dort mit ihrem Baum? So etwas hatte sie noch nie erlebt. Sie konnte sich nicht erinnern, im Wald jemals einen so bunten Baum gesehen zu haben. Sie musste zugeben, dass er eigentlich ganz schön aussah. Aber was hatte das alles für einen Sinn?

Sie wartete, bis die Parmakoskis fertig waren und zum Mittagessen in die Küche gingen.

Jetzt konnte sie sich den geschmückten Baum in Ruhe aus der Nähe ansehen.

Das Lametta glitzerte so schön. Die Kugeln natürlich auch.

Als Lona den Baum hinaufkletterte, kam sie hier und da an eine der Kugeln, und sie machten dabei Geräusche. Ein leises, angenehmes Klingeln. Dazwischen hingen allerdings auch ein paar kleine Glocken. Die waren viel lauter. Lona fand das lustig und schlug mit Absicht gegen die Glöckchen. Was für ein Spaß! Sie vergaß einen Moment lang sogar, wo sie war, und merkte gar nicht, dass die Zimmertür geöffnet wurde.

Es war Helga, und erst als diese sagte: „Was ist denn das für ein Lärm hier drin?", kam Lona zu sich und stürmte hinauf in ihre Krone.

„Ach, das war bestimmt nur der Wind", sagte Elisa, die unter dem Arm ihrer Mutter hindurch ins Wohnzimmer schlüpfte.

„Von wegen Wind. Alle Fenster sind zu. Wo soll da ein Wind herkommen? Vielleicht haben wir demnächst noch Nebel im Wohnzimmer und Schneeschauer oder Orkane? Ich sag dir was, Töchterchen: Hier stimmt was nicht."

„Was soll denn hier nicht stimmen, Mütterchen?", fragte Elisa scheinheilig.

„Du sollst mich nicht Mütterchen nennen, Elisa", sagte Helga. „Da komme ich mir vor wie eine uralte Uroma aus einem russischen Märchen."

„Okay, ich mache das nicht mehr, Helga."

„Du sollst mich auch nicht Helga nennen."

„Aber so heißt du doch."

„Das stimmt, aber ... Ach ..." Helga winkte ab und wandte sich wieder dem Baum zu. „Da haben nämlich nicht nur die Glöckchen geklingelt, da hat sich auch was bewegt. Ich hab's genau gesehen."

„Was sollst du da schon gesehen haben, Mama? Ist es in Ordnung, wenn ich dich Mama nenne?"

„Ja, Mama ist gut. Das ist sogar richtig prima. So darfst du mich gerne nennen. Trotzdem hat sich da was bewegt."

„Das war der Geist der Weihnacht, Mama."

„Das sagtest du schon einmal, Tochter. Wenn es diesen Geist wirklich gibt, dann sollte er doch unsichtbar sein, oder?"

„Kann sein. Es ist ja auch niemand zu sehen auf unserem Baum."

Helga sah den Baum ganz scharf an. Sie kniff sogar die Augen zusammen, aber sie sah tatsächlich weder einen Geist noch irgendein Lebewesen. Das lag daran, dass Lona auf ihrem schnellen Sprint in die Krone ziemlich viel Lametta aufgesammelt hatte, das jetzt an ihr dranhing. Eine hervorragende Tarnung.

„Mama, ich hab Hunger. Lass uns essen gehen."

„Na gut", murmelte die Mutter, und die beiden verließen das Wohnzimmer.

„Ganz schön unruhig hier", dachte Lona. „Und wie werde ich diese blöden Fäden wieder los?"

Lona fühlte sich ziemlich eingeengt. Sie sah aus, als hätte sie einen langen goldenen Mantel an, und den konnte sie nicht einfach ausziehen. Das Lametta klebte an ihr, als hätte es jemand mit Sekundenkleber festgemacht. Lona schubberte sich an den Zweigen und am Stamm, aber das half alles nichts. Es gab nur eine Lösung: Elisa musste ihr helfen.

Also wieder runter vom Baum! Die Wohnzimmertür war nur angelehnt, sodass sie nicht auf die Türklinke springen musste.

Vorsichtig schob sie die Tür auf und betrat schnüffelnd den Korridor. Sie ahnte nicht, dass die Frau Präsidentin schon seit geraumer Zeit auf diese Chance gewartet hatte, und

zwar hinter der Tür. Die Katze hatte sich das Szenario genau ausgemalt, und stellte sich vor, wie sie sich mit einem lauten

Schrei auf das Eichhörnchen stürzen würde.
Jetzt war es soweit: Die Tür wurde langsam
aufgeschoben, die Katze duckte sich, setzte
zum Sprung an und … versteinerte mitten in
der Bewegung. Was da aus dem Zimmer kam,
war kein Eichhörnchen. Das war nicht mal
eine Maus oder ein anderes Nagetierchen.
Das war einfach nur ein Haufen Lametta. Sie
kannte Lametta natürlich ziemlich gut. Immer zu
Weihnachten wurde es an den Baum gehängt,
und normalerweise blieb es auch dort. Ganz brav.
Glänzte und wehte manchmal ein bisschen hin
und her. Aber das Lametta war noch nie durch
die Wohnung gelaufen.
Die Frau Präsidentin setzte ihre Gehirnzellen in
Bewegung, alle fünf auf einmal, und jede dieser
Gehirnzellen hatte eine andere Meinung:
„Wir sollten es fressen!"
„Seien wir lieber vorsichtig!"
„Das sieht ungenießbar aus."
„Lametta mit einem buschigen Schwanz.
Unheimlich!"

„Das kommt mir
überhaupt nicht
weihnachtlich vor!"
Die Katze kam zu
dem Schluss, dass
es etwas würdelos
wäre, sich auf

ein Lamettaknäuel zu stürzen oder sich auch
nur irgendwie damit abzugeben. Immerhin war
sie schon zehn Jahre alt und eine Dame. Sie
richtete sich auf, gähnte demonstrativ und ging
langsam (und diesmal freiwillig) in Elisas Zimmer,
um dort ein wenig zu dösen.

Das Herz des jungen Eichhörnchens hatte die
ganze Zeit wie wild geschlagen. Jetzt beruhigte
es sich und Lona atmete langsamer. Das war
ja noch mal gutgegangen! Sie setzte ihren Weg
fort und schlich in die Küche, wo die ganze
Familie am Tisch saß und zu Mittag speiste.
Alle (außer Marlon) plapperten fröhlich
durcheinander. Alle hatten gute Laune,

weil Heiligabend war und die Feiertage bevor-
standen mit gutem Essen, Mensch-ärgere-dich-
nicht-Spielen, Faulenzen, Ausschlafen und all
diesen Dingen, die zu Weihnachten dazugehören.

Der schweigsame Marlon bemerkte das
merkwürdige Lamettawesen zuerst. Er wollte
aber diesmal nichts sagen, weil er selbst an
seinem Verstand zweifelte. Deshalb aß er
einfach weiter.

Aber auch Helga bemerkte das eingehüllte
Eichhörnchen.
„Da läuft Lametta durch die Küche", sagte sie
in einem ruhigen, fast gleichgültigen Ton, so
als würde sie sagen: „Da ist ein Fleck auf dem
Boden." oder „Morgen soll es schneien."

11. Kapitel
Das ist doch
wohl keine Ratte!

Lona hatte schon kapiert, dass sie sehr komisch
aussehen musste. Sie machte sich einen Spaß
und tanzte ein wenig auf dem Boden herum.
Matti starrte sie an und sagte: „Also, wir haben
dieses Lametta jetzt bestimmt schon seit
zwanzig Jahren. Aber es ist das erste Mal, dass
es für uns tanzt."
„Das ist Zauberlametta", erklärte Elisa, die
bereits erkannt hatte, wer dort wirklich tanzte.
„Mama hatte die ganze Zeit recht: Je länger man
das Lametta aufbewahrt, desto besser wird es."
„Ja, wirklich sehr talentiert", sagte Matti. Er dachte
einen Moment darüber nach, ob er vielleicht
verrückt geworden war. Aber die anderen sahen
den tanzenden Weihnachtsbaumbehang ja auch.
Also musste er auch da sein. Matti zuckte
innerlich mit den Schultern und aß weiter,

während er gleichzeitig die Zeitung las. Marlon
war schon wieder total in sich gekehrt. Er kaute
auf seinem Brötchen herum wie ein Zombie.
Nur Mamas aufmerksamer Blick wanderte hin
und her zwischen dem Ding, das sich da auf dem
Fußboden bewegte, und ihrer Tochter.
Elisa legte ihr Besteck beiseite und stand auf.
„Komm mal mit, Lametta!", sagte sie und ging
Lona voraus ins Wohnzimmer. Diese konnte Elisa
nicht so schnell folgen, wie sie es gern getan hätte.
Sie war nicht so beweglich wie sonst. Dennoch
kam sie bald im Wohnzimmer an, und Elisa
zupfte ihr die Lamettafäden aus dem Fell.
„Diese Verkleidung war ja eine
tolle Idee von dir!",
sagte sie.
„Das war nicht freiwillig",
antwortete Lona.

„Mein ganzer Baum ist ja voll mit diesem Zeug. Aber immerhin, die Frau Präsidentin war vorhin total verwirrt."

Elisa lachte: „Das tut ihr mal ganz gut, dieser eingebildeten Katze. So, jetzt bist du wieder schön sauber und lamettafrei."

Lona sprang auf einen der Äste, sodass sie auf Augenhöhe mit Elisa war.

„Das ist alles sehr aufregend hier bei euch", sagte sie. „Wenn ich das meinen Eltern erzähle! Aber sag doch mal, wie geht es denn heute weiter?"

„Am Abend kommt das Christkind, und es gibt Geschenke."

„Geschenke? Was denn für Geschenke?"

„Papa kriegt Socken. Marlon kriegt irgendwas für die Schule, und ich krieg einen Pullover."

„Das weißt du alles schon ganz genau?"

„Ja, Mama ist der Meinung, dass wir uns nur Dinge schenken sollten, die auch einen praktischen Wert haben. Also Sachen, die man wirklich braucht. Und sie verwaltet das Haushaltsgeld, also kauft sie auch die Geschenke."

„Und was kriegt deine Mama geschenkt?"

Elisa grinste: „Wir schenken ihr jedes Jahr gemeinsam einen Pinguin. Das ist so sinnlos, dass sie sich jedes Mal aufregt. Aber sie kann ja nichts dagegen machen."

„Und leben diese Pinguine hier im Haus? Ist es denen nicht zu warm?"

„Nein, die leben überhaupt nicht. Die sind immer aus Plüsch. Und es ist gar nicht so einfach, immer wieder einen neuen Plüschpinguin zu finden. Mama hat inzwischen schon einen eigenen Schrank nur für ihre Pinguine."

„Bekomme ich denn auch ein Geschenk von deiner Mama?", fragte Lona.

„Nein, wie soll das gehen? Sie weiß ja gar nicht, dass es dich gibt. Also kann sie dir auch nichts schenken."

„Dann sag ihr bitte, dass es mich gibt. Ich will auch etwas."

„Ich denke darüber nach", sagte Elisa. „Ich weiß nicht, wie sie reagieren wird. Wir hatten ja noch nie ein Eichhörnchen im Haus. Vielleicht holt sie einen Kammerjäger oder bringt dich ins Tierheim."

„Ein Kammerjäger?", fragte Lona. „Was ist denn das für einer? Was kann man denn in einer Kammer jagen? "

„Der Kammerjäger kommt, wenn man Ungeziefer im Haus hat, wie zum Beispiel Kakerlaken oder Ameisen."

„Aber ich bin doch kein Ungeziefer!", rief Lona empört. „Und Ameisen übrigens auch nicht. Das sind ganz tolle Tiere!"

Sie war jetzt wirklich ein wenig beleidigt und kletterte hoch in die Baumspitze. Dabei verfing sie sich schon wieder in den Lamettafäden.

„Tut mir leid", sagte Elisa. „So war das nicht gemeint."

Als Lona nicht mehr antwortete, ging Elisa zurück in die Küche. Dort wartete Helga schon: „Also jetzt mal Butter bei die Fische, Tochter!", sagte sie streng. „Was war das für ein seltsames Wesen? Das ist doch nicht etwa irgendein komisches Weihnachtsgeschenk, das du uns machen willst? Ich sag dir eins: Wenn du eine Ratte ins Haus geholt hast, dann ist das völlig inakzeptabel. So etwas will ich hier nicht haben. Und denk doch auch mal an die Frau Präsidentin!
Die kriegt doch einen Schock fürs Leben!"
„Nein, eine Ratte ist das garantiert nicht", erwiderte Elisa wahrheitsgemäß.
„Na, was ist es dann?"
Das wäre ein guter Zeitpunkt gewesen, das Rätsel zu lösen. Aber sie hatte Angst, die Eltern würden das Eichhörnchen einfangen und aus dem Haus werfen.
„Ich glaube, ihr seid noch nicht bereit dafür. Irgendwann sage ich es euch."

„Ja, sag mal, was sind denn das für Töne?
Matti, sag du auch mal was!"

Dieser lugte über seine Lesebrille und sagte:

„Du auch mal was." Dann blickte er wieder in
seine Zeitung.

„Heute sind wohl alle verrückt geworden?",
schimpfte Mama. „Und das an Heiligabend.
Elisa, geh in dein Zimmer. Wir sprechen uns
später noch."

12. Kapitel
Ein Märchen

Elisa gehorchte. Sie ging in ihr Zimmer und
suchte die Zeichnungen heraus, die sie als
Weihnachtsgeschenke für alle gemacht hatte.
Aber ganz fertig waren sie noch nicht. Sie holte
ihre Stifte und die Wasserfarben hervor und
machte sich an die Arbeit. Tupfte hier noch ein
bisschen, gab dort noch einen Schatten hinzu
und an anderer Stelle noch etwas Farbe. Aber
ein Bild fehlte noch: das für Lona. Elisa nahm ein
leeres Zeichenblatt und dachte darüber nach,
was sie für Lona zeichnen könnte. Einen Waldweg
vielleicht? Einen Nadelbaum? Nein, langweilig!
Aber dann hatte sie die passende Idee: Sie
zeichnete einen Lamettahaufen, aus dem vorne
ein Eichhörnchengesicht
herausschaute, und hinten
hatte der Haufen einen
buschigen Schwanz.

Rund um den Lamettahaufen waren
lauter erstaunte Gesichter. Es waren nur die
Köpfe, keine Körper dazu. Für die Körper war
kein Platz mehr auf dem Blatt.
Eine Stunde zeichnete und
malte sie, dann war sie zufrieden.
Auch die anderen gingen ihren
gewohnten Beschäftigungen nach:
Helga und Matti kümmerten sich in stiller
Eintracht um die Weihnachtsvorbereitungen.
Sie kochten, backten und dekorierten bunte
Weihnachtsteller. Bei den Tellern bekamen sie
später noch Hilfe von Elisa.
Marlon half bei gar nichts. Er hockte in seiner
Zimmerhöhle und spielte am Computer,
gerade so, als sei Heiligabend ein Tag wie jeder
andere. Lona saß im Baum und machte sich
Gedanken über die Menschen und über dieses
seltsame Weihnachtsfest. Am frühen Nachmittag bekam sie ein kleines Hüngerchen und
holte sich eine der riesigen Walnüsse,
die sie unterm Teppich vergraben hatte.

Später beobachtete sie, wie verschiedene Dinge unter ihren Baum gelegt wurden. Sie wollte schon rufen: „He, das ist mein Baum! Was dort hingelegt wird, bestimme ich!"
Aber sie verhielt sich doch lieber still.

Dann kam Marlon ins Wohnzimmer. Er ließ sich in einen Sessel fallen, nahm ein kleines schwarzes Ding in die Hand und drückte darauf herum. Plötzlich hörte Lona Stimmen und andere Geräusche, und in einem großen Kasten, der an der Wand hing, fing es an zu flackern. Natürlich hatte Lona in ihrem Leben noch nie einen Fernseher gesehen. Im Wald gab es so etwas nicht. Obwohl es bestimmt ganz interessant wäre, wenn man im Fernsehen mal einen Krimi sehen würde, in dem alle Kommissare Eichhörnchen sind, und die Verbrecher auch. Ein Eichhörnchen-Tatort. An diesem Nachmittag lief im Fernsehen aber kein Krimi, sondern Sport. Lona sah viele Männer, alle in kurzen Hosen, die über eine Wiese rannten. Manchmal liefen sie aufeinander zu, und dann liefen sie wieder

voreinander weg.

Völlig sinnlos!

Lona fiel ein rundes

Etwas auf, das hin

und her rollte. Dieses Ding

schien sehr wertvoll zu sein, denn alle wollten

es haben. Es gab noch mehr Leute, die den

Männern in den kurzen Hosen dabei zusahen,

wie sie sich komisch verhielten. Marlon verhielt

sich auch komisch. Manchmal stieß er kurze

Schreie aus oder rief Dinge wie: „Schieß doch,

du Pappnase!"

Lona bekam Angst. Wieso wurde hier

geschossen?

Waren das etwa Jäger? Aber sie hatte noch

keinen einzigen Schuss gehört, und keiner der

Männer in dem Kasten trug ein Gewehr bei

sich. Auch keine Armbrust, und nicht mal ein

Katapult. Und wieso hatte da jemand eine

Nase aus Pappe?

„Elfmeter!", brüllte Marlon plötzlich und sprang

aus seinem Sessel auf.

„Das war doch ein klarer
Elfmeter. Schiedsrichter,
du bist ein Blödmann!"
Helga kam herein und sagte:
„Was brüllst du denn hier rum?

Hilf uns lieber mal ein bisschen.
Du bist der Einzige, der den ganzen Tag nur
faulenzt. Und überhaupt, wer spielt denn an
Heiligabend Fußball?"
„Südkorea", murmelte Marlon.
„Süd... was? Wieso siehst du dir ein Fußballspiel
an, das am anderen Ende der Welt läuft?"
Sie winkte ab. „Ach, weißt du was, ich will's gar
nicht wissen."
Sie verließ das Wohnzimmer und Marlon sah
weiter den kurzbehosten Koreanern zu.
„Immerhin, eine schöne grüne Wiese",
dachte Lona.
Dann kam Elisa herein, setzte sich in den
zweiten Sessel und sagte: „Ich will
Drei Haselnüsse für Aschenbrödel anschauen.
Mama sagt, ich darf."

Kurzerhand schnappte sie sich die
Fernbedienung und schaltete um. Marlon
knurrte, sprang auf und verschwand.
Was jetzt in dem Kasten zu sehen war, gefiel
Lona schon viel besser.
Elisa sah zu ihr hoch und sagte: „Das ist ein
Märchenfilm. Den schau ich mir jedes Jahr an.
Der ist toll."
„Und was bedeutet das?", fragte Lona. Sie
hatte ja in ihrem ganzen Leben noch nie einen
Film gesehen.

„Na ja, Aschenbrödel, das ist das Mädchen dort.
Sie ist ein Waisenkind und hat eine böse Stief-
mutter und eine total blöde Stiefschwester.
Dann gibt es den Prinzen, und die
verlieben sich."

Lona sah einige Minuten schweigend
zum Fernseher, bis sie sagte: „Sind das
echte Menschen in diesem Kasten?
Die sind so klein. Auch das Pferd da:
sehr klein für ein Pferd. Und der Prinz
ist winzig. Warum hat das Mädchen
eine Armbrust? Ist sie eine Jägerin?
Und wieso geht es hier um
Haselnüsse? Der Film ist wohl für
Eichhörnchen gemacht?"

Darüber musste Elisa lachen. Ein Film für Eichhörnchen!

„Die Haselnüsse können ihr Wünsche erfüllen", erklärte sie.

„Also, mein Wunsch wäre, die Nüsse zu essen."

„Jedenfalls kann ich mir nicht vorstellen, dass es einen Film gibt, der nur für Eichhörnchen gemacht ist. Ich bin ein Mensch, und ich mag diesen Film. Dann ist er wahrscheinlich auch für Kinder wie mich gemacht. Hast du denn im Wald schon mal mit deiner ganzen Familie einen Film angesehen?"

„Nicht dass ich wüsste", murmelte Lona.

„Klar, wie denn auch. Ihr habt ja auch gar
kein Kino im Wald und bestimmt auch keine
Fernseher."
Sie sahen sich den gesamten Film an, und als
er vorbei war, sagte Lona: „Mehr, bitte!"
„Das geht nicht, der Film ist zu Ende. Und
zwei Filme nacheinander dürfen wir uns
nicht anschauen."

13. Kapitel
Ein Frosch geht zum Friseur

Am späten Nachmittag

sollte es die große Bescherung geben.

Alle versammelten sich im Wohnzimmer.

Matti schaltete die Lichterkette ein, und es

wurden auch ein paar echte Kerzen angezündet.

Zuerst aber gab es Kaffee und Kuchen. Elisa

legte ein Stück Weihnachtsstollen auf einen Teller

und stellte ihn unter den Weihnachtsbaum.

„Was soll das denn?", fragte die Mutter.

„Das ist für den Geist der Weihnacht", sagte Elisa.

Marlon rollte mit den Augen, und Matti sagte:

„Na, ob der Geist Weihnachtsstollen isst?"

„Garantiert."

Als sie sich unbeobachtet fühlte, holte Lona

sich den Stollen. Sie war dabei sehr schnell und

leise. Selbst Elisa bemerkte es erst ein paar

Minuten später.

„Seht ihr", sagte sie und zeigte auf den leeren Teller. „Sie hat es gegessen. Äh … ich meine, ER hat es gegessen, der Geist der Weihnacht."

Jetzt waren die anderen doch ziemlich beeindruckt. Gab es diesen Geist etwa wirklich? Eventuell war es sogar das Christkind höchstpersönlich? Helga vermutete, dass es die geheimnisvolle Ratte im Lamettakostüm war.

Sie stand auf und hob den Teller vom Boden auf. Nur ein paar Krümel waren noch drauf. Sie suchte den Boden unter dem Baum ab und schaute hinter den Kübel. Keine Spur vom Stollen. Derweil leckte sich Lona den Puderzucker von den Pfoten. Das war lecker!

So allmählich kam sie auf den Geschmack, was dieses ‚Weihnachten' betraf. Jede Menge Nüsse, Stollen und helle Lichter. Und dabei hatte sie sogar noch eine Freundin gefunden! Das Beste kam aber erst noch, der Moment, auf den Elisa immer sehnsüchtig wartete: die Bescherung. Die Geschenke, die das Christkind unter den Baum gelegt hatte, wurden nacheinander verteilt. Wer eines bekam, musste ein Gedicht aufsagen oder ein Lied singen. Meistens sangen die anderen mit. So lernte Lona an diesem Nachmittag lauter Weihnachtslieder kennen, die neu für sie waren: *O du fröhliche*, *Stille Nacht, heilige Nacht*, *Leise rieselt der Schnee* und *O Tannenbaum*. Besonders beim letzten Lied interessierte sich Lona sehr für den Text. Weil alle sangen, piepste sie auch ein bisschen mit. Das war ein eigenartiger Kontrast zu der kratzigen Brummstimme, die aus Marlons schlaksigem Körper herauskam.

Ansonsten war alles genauso, wie Elisa vorausgesagt hatte: Matti bekam seine Socken, und dazu noch eine Krawatte.

„Was soll ich mit einem Schlips?", fragte er. „Ich trage keine Krawatten, das weißt du doch."

„Aber du könntest mal eine tragen. Stell dir vor, du denkst eines Morgens: ‚Ach, heute könnte ich eigentlich mal einen Schlips tragen. Es ist ein richtiger Schlipstag!' Dann brauchst du nur den Kleiderschrank zu öffnen, und da ist einer."

Elisa bekam ihren Pullover. Diesmal war es ein sehr bunter Weihnachtspullover.

„Der passt dir auch nächstes Jahr noch", zwinkerte Mama ihr zu. „Ich hab ihn extra zwei Nummern größer gekauft."

Marlon bekam das teuerste Geschenk, einen neuen Rucksack für die Schule. Der alte

bestand nur noch aus Fetzen.

„Setz ihn auf, setz ihn auf!", riefen alle. Marlon fügte sich widerwillig, und als er den Rucksack auf dem

Rücken hatte, lächelte er sogar ein wenig.

Und dann kam der große Moment: ein neuer Pinguin für Mama. Diesmal war er nicht aus Plüsch, sondern aus Ton.

„Den darfst du nicht fallenlassen", sagte Elisa streng. „Und du solltest ihn auch nicht mit ins Bett nehmen. Er ist zum Kuscheln nicht geeignet."

„Ach, als hätte ich schon mal einen Pinguin mit ins Bett genommen. Euer Vater ist mein Kuschelpinguin, stimmt's, Matti?"

Matti schaute sie irritiert an und zuckte innerlich mit den Schultern. Helga tat so, als würde ihr der Pinguin gefallen: „Also, ich sag euch eins, diesen Pinguin mag ich. Er ist nicht so plüschig wie die anderen. Den stecke ich nicht in den Schrank. Der kommt auf meinen Schreibtisch. Oder wenigstens aufs Bücherregal. Ganz oben hin."

Am Schluss verteilte Elisa die Bilder, die sie gemalt hatte. Als Matti sein Bild sah, rief er: „Oh, wie schön, ein Pferd!"

„Das ist kein Pferd, sondern eine Ziege",
korrigierte Elisa.

„Wirklich? Eine Ziege? Warum schenkst du mir
eine Ziege, Tochter?"

„Warum nicht. Ziegen sind toll! Sie fressen
zum Beispiel Disteln."

Matti grübelte darüber nach, was er
persönlich mit distelfressenden Ziegen
zu tun hatte, und kam nicht drauf.

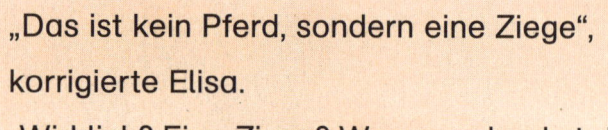

Also zuckte er wieder innerlich mit den
Schultern und dachte nicht mehr darüber nach.
Marlon bekam ein Haus, in dem ein Mond
wohnte, und er nahm es fast regungslos zur
Kenntnis. Als Dank gab er nur ein kurzes
Brummen von sich. Dabei hatte Elisa einen
halben Tag für das Bild gebraucht.

Auf dem Bild, das Mama bekam, war eine
Prinzessin zu sehen, und die sprach mit einem
grünen Lebewesen, das wie ein Frosch aussah.
„Oh, wie schön!", sagte Helga. „Gleich küsst
sie den Frosch, oder?"

„Aber nicht doch!", rief Elisa auf eine Art und
Weise, wie nur sie es konnte. „Der Frosch ist
ein Reisender, der nach dem Weg fragt. Er sucht
einen Friseur."

„Aha, verstehe!", sagte Mama, obwohl sie überhaupt nichts verstand. Ein Frosch hatte doch
gar keine Haare! Am Schluss
legte Elisa noch ein
selbstgemaltes Bild unter
den Weihnachtsbaum.

Mama lächelte: „Ist das ein Geschenk für den Geist der Weihnacht?"

„Ja, vielleicht auch für das Christkind."

„So ein Blödsinn!", brummte Marlon.

„Blödsinn? Von wegen!", rief Elisa. „Ich beweis es euch. Wir drehen uns jetzt mal alle um, und ganz schnell wird das Bild verschwunden sein. Wetten?"

Also drehten sich alle mit dem Rücken zum Baum. Eine halbe Minute, Matti schaute auf die Uhr. Alle drehten sich wieder um und ... tatsächlich, das Bild war weg!

14. Kapitel
Müssen Eichhörnchen ihre Zähne putzen?

„Das ist echte Zauberei!", flüsterte Helga, und ihre Tochter grinste in sich hinein.

Marlon war es egal, und Matti sah in allen Ecken des Zimmers nach. Dabei stolperte er über einen Hubbel im Teppich.

„Nanu, was ist das denn?", sagte er. „Da ist ein Loch im Teppich. Und darunter sind zwei Walnüsse. Wer macht denn sowas?"

Weihnachten war ja angeblich das Fest der Wunder, aber Wunder dieser Art hatten sie noch nie erlebt: Stollen, der einfach verschwand, und unterm Teppich vergrabene Nüsse.

Unterdessen saß Lona in der Baumkrone und sah sich ihr Bild an. Sie war sehr glücklich damit: Was für ein tolles Geschenk! Bestimmt war es mehr wert als Socken oder ein Pullover.

Vielleicht war es sogar wertvoller als Marlons
Rucksack, obwohl Lona sich in Gedanken
ausmalte, wie viele Nüsse sie in so einem
Rucksack verstauen könnte. Viel mehr als im
Waldboden oder unter dem Teppich!

Dem Bild durfte auf gar keinen Fall etwas
passieren. Das wollte sie unbedingt ihren Eltern
zeigen, sobald sie wieder zu Hause war. Aber
wann würde das sein?

Lona wurde ein bisschen schwermütig, als sie
die Parmakoskis dort um den Tisch sitzen sah:
eine richtige Familie. Sogar Marlon blieb am
Tisch sitzen und ging nicht in sein Zimmer, um
am Computer zu spielen. An Heiligabend war
bei den Menschen anscheinend manches ganz
anders als an anderen Tagen.

Lona fühlte sich plötzlich ausgeschlossen.
Sie saß oben in ihrer Krone und war traurig.
Und das trotz der Aussicht auf unendlich viele
Riesenwalnüsse, trotz des Geschenks, das sie
bekommen hatte, und trotz der schönen Weihnachtslieder. Elisa spürte es, aber sie konnte
ihrer Freundin im Moment nicht helfen.

Die Frau Präsidentin war auch im Wohnzimmer
anwesend, wenn auch nicht die ganze Zeit über.
Sie kam und ging, wie es ihr beliebte. Wie es
Katzen eben so machen. Sie war übrigens die
Einzige, die kein Geschenk bekam. Sie wurde ja
sowieso ständig reich beschenkt: Sie erhielt Tag
für Tag das leckerste Futter, das es für Katzen

zu kaufen gab, und ihr
wurde regelmäßig das
Katzenklo sauber-
gemacht. Sie wurde
von vorne bis hinten
bedient, im wahrsten
Sinne des Wortes.

Ab und zu blickte die Katze zum Weihnachtsbaum hoch, ohne sich jedoch weiter darum zu kümmern. Ihr war das alles unheimlich, und sie war sich überhaupt nicht mehr sicher, ob auf dem Baum tatsächlich ein Eichhörnchen wohnte oder eine Ratte oder vielleicht nur ein Lamettaknäuel, das tanzen konnte.

Und so nahm der Heiligabend einen ziemlich harmonischen Verlauf, wie es sich für Weihnachten gehört, und er klang ganz ruhig aus.

„So, das war ja schön", sagte Matti irgendwann. „Zeit fürs Bett. Geht Zähneputzen, Kinder!"

Elisa zweigte heimlich noch ein Stück Weihnachtsstollen für Lona ab und ging dann ins Bad. Marlon war dort schon fertig. Bei ihm dauerte die ganze Abendprozedur mit Waschen, Zähneputzen und sonstigen Vorbereitungen für die Nacht nur eine Minute. Er war von der schnellen Sorte, was das betraf.

Elisa putzte ihre Zähne sehr sorgfältig. Dabei fragte sie sich, ob Eichhörnchen wohl auch ihre Zähne putzten. Für die war Mundhygiene ja

besonders wichtig. Ein Eichhörnchen, dem
die Zähne ausfielen, musste wahrscheinlich
verhungern.

Elisa beschloss, in ihrem Bett zu warten, bis
alle anderen schliefen, und dann noch einmal
ins Wohnzimmer zu gehen, um Lona danach
zu fragen. Aber kaum lag sie im Bett, da fielen
ihr schon die Augen zu.

Ihre Eltern hielten länger durch. Sie schoben
noch den Braten für den ersten Feiertag in den
Backofen und erledigten andere Dinge.

Bevor sie ins Bett gingen, schauten sie noch
einmal im Wohnzimmer nach dem rechten.
Natürlich war ihnen schon längst klar, dass hier
irgendetwas nicht stimmte, aber sie wollten
Elisa den Heiligabend nicht verderben.
Lona saß auf ihrem Baum und war noch voll
und ganz mit dem Weihnachtsstollen beschäftigt.
Sie erschrak, als das Licht wieder anging.
Unten standen Helga und Matti und sahen sehr
neugierig zu ihr hinauf.
„Ich sag dir, da ist irgendwas", sagte Matti.
„Klar ist da was, Schlauberger. Und ich nehme an,
dass es keine Ratte ist. Marlon hat es ja schon
gesehen: ein Eichhörnchen. Und ich habe in der
Küche unter dem ganzen Lametta deutlich
einen buschigen Schwanz erkannt. Ratten
haben so etwas nicht."
„Aber wie soll denn ein Eichhörnchen in unsere
Wohnung kommen?", fragte Matti.
„Vielleicht durch ein offenes Fenster geschlüpft.",
meinte Helga.
Lona hatte Angst, dass die beiden die Leiter

holen und
den Baum
genau
untersuchen
würden. Sie
machte sich
schon bereit,
wieder aufs

Bücherregal zu springen und
sich hinter dem Sternebuch zu verstecken.
Doch Helga sagte: „Ach, wir kümmern uns
morgen darum. Heute bin ich zu müde."
Lona war froh, dass die beiden das Wohnzimmer
verließen und das Licht ausmachten, denn sie
war auch müde. Was war das doch für ein
aufregender Tag gewesen! Sie hatte das
Weihnachtsfest der Menschen kennengelernt,
vielleicht als erstes Eichhörnchen auf der Welt.
Sie hatte viel gelernt und, nebenbei gesagt,
auch viel gegessen. Denn die beiden Weih-
nachtsstollenstücke waren riesig gewesen.
Und so schlief auch sie sehr schnell ein.

15. Kapitel
Langweilige Frösche

In der Nacht streifte Lona vorsichtig durchs
Haus. Sie wollte sich auf keinen Fall von der
Frau Präsidentin überraschen lassen. Deshalb
ging sie eher in Zeitlupe, als dass sie herumflitzte,
wie sie das sonst tat. Sie holte sich ein paar
Walnüsse aus der Küche. Natürlich immer nur
eine einzige, die sie dann mühsam bis ins
Wohnzimmer rollte und unterm Teppich vergrub.

Als sie wieder einmal vorsichtig ihre Schnauze in
den Flur steckte, erkannte sie am anderen Ende
den riesigen Schatten der Katze. Diese hatte das
Eichhörnchen zum Glück nicht bemerkt.
Die Katze stolzierte bis zur Haustür und
zwängte sich durch eine Klappe, die unten
eingebaut war.

Holla! Diese Klappe hatte Lona noch gar nicht gesehen. Aber sie konnte sich natürlich denken, was sich dahinter befand: der Garten des Hauses, und jenseits des Gartenzaunes die große Freiheit. Wenn sie der Katze einfach folgte und sich den Weg zurück in den Wald suchte? Lona blieb stehen und zögerte, bestimmt zwei Minuten oder drei. Aber dann dachte sie: „Nein, da ich die Klappe jetzt kenne, kann ich sie jederzeit benutzen. Ich will lieber noch etwas in diesem Nüsseparadies verweilen." Und sie holte sich eine weitere Walnuss aus der Küche.

Irgendwann legte sie sich wieder schlafen, und weil alles so anstrengend und aufregend gewesen war, verschlief sie am ersten Weih- nachtsfeiertag sogar den Sonnenaufgang. Sie erwachte erst, als sie Stimmen hörte. Es waren Elisa und Marlon, die sich schon wieder um die Fernbedienung des Fernsehers stritten. Diesmal gewann Marlon.

„Na gut, aber heute Nachmittag darf ich fernsehen!", sagte Elisa und stapfte davon, nicht ohne vorher unauffällig in die Baumkrone zu winken.

Marlon sah sich zunächst nichts bestimmtes an, sondern zappte sich durch alle Programme.

Durch den schnellen Wechsel der Bilder wurde es Lona fast ein wenig schwummerig. In allen Sendungen waren Menschen zu sehen. Meistens redeten sie, manche sangen auch oder schrien einander an. Das fand Lona sehr abstoßend. Eichhörnchen schrien sich nicht an, sondern fanden immer die richtigen Worte.

Bei den Menschen war das offenbar anders, und bei manchen anderen Tieren auch. Bei denen war es allerdings oft kein Schreien, sondern ein

Fauchen. Wie bei Katzen. Wenn dich eine
Katze anfaucht, bedeutet das: „Wärst du bitte
so freundlich, ein wenig Abstand zu mir zu
halten, falls es dir konveniert? Ich hätte gerne
ein wenig Privatsphäre. Verbindlichsten Dank!"

Dann verweilte Marlon bei einer Sendung
über Tiere. Über Frösche, um genau zu sein.
Es passierte nicht sehr viel. Die Frösche
quakten und quakten. Ab und
zu sprang einer aus dem
Teich, und ein anderer
sprang hinein.
Dann quakten sie
wieder. Ein Sprecher
kommentierte das
Geschehen: „Die
Frösche quaken den
ganzen Tag. Manchmal
springen sie aus dem Teich
hinaus und dann wieder hinein."
Der Film war so langweilig, dass Lona einschlief.

Sie fiel von ihrem Ast und landete einen halben Meter tiefer auf einem anderen. Schnell sprang sie wieder in die Baumkrone. Dabei machte sie einigen Lärm.

Marlons Kopf fuhr herum. Er fixierte den Baum, dann stand er auf und kam näher. Eine ganze Weile schaute er hinauf in die Krone, aber Lona war schon wieder voller Lametta, und dadurch fiel sie nicht auf.

„Eichhörnchen", murmelte Marlon und setzte sich wieder in seinen Sessel.

Helga kam herein und sagte: „So, jetzt wird der Fernseher ausgemacht, und er bleibt auch aus!"
Marlon verließ brummend das Zimmer. Seine Mutter schaltete den Fernseher aus, steckte die Fernbedienung ein und sagte zu sich selbst: „Zu Weihnachten fernsehen, wo gibt's denn sowas?"

Als sie fort war, legte sich wieder eine tiefe Stille über das Wohnzimmer. Lona konnte noch einige Winkel des Wohnzimmers erkunden, die sie noch gar nicht kannte. Ganz nach dem

Motto: Warum in die Ferne schweifen, wenn
man die eigene Heimat noch gar nicht kennt.
Und das Wohnzimmer war ja ihr neues Zuhause,
sozusagen, wenn auch nur vorübergehend.
Man konnte auch sagen: Es war ihr Revier.
In diesem Revier bekam sie bald Besuch. Elisa
kam herein, setzte sich auf die Couch und rief:
„Komm runter, Lona! Wir sehen uns ein Buch an!"
Ein Buch? Was war das denn schon wieder?
„Und die Katze?", rief Lona von oben.
„Die ist außer Haus, die tut dir nichts",
antwortete Elisa.

16. Kapitel
Beutelratten und Mandarinen

Sollte sie es wagen? Nun ja, warum nicht. Falls die Frau Präsidentin doch hereinkommen würde, dann konnte Lona blitzschnell auf dem Baum sein. Schneller, als die dicke Katze überhaupt schauen konnte. Also kletterte sie nach unten und sprang ebenfalls auf die Couch.

Elisa lachte und sammelte erst einmal die Lamettafäden von Lona ab. Dann zeigte sie ihr das Buch, das sie mitgebracht hatte. Lona sah es sich neugierig an: Aha, das war so etwas wie das dicke Ding mit den Sternen, hinter dem sie sich gestern versteckt hatte. Aber Elisas Buch war nicht so dick. Es hieß *Der Waschbär putzt sein Badezimmer* und war sehr lustig. Da kamen viele Tiere vor, zum Beispiel die Stockente, die Weinbergschnecke, die Beutel-ratte und der Kofferfisch, und das Buch war

voller wunderschöner Zeichnungen. Erstaunlich,
was die Menschen alles machen konnten!
Elisa hatte sogar etwas zu naschen
mitgebracht.

„Was ist das?", fragte Lona.

„Das ist eine Mandarine. Die
sind sehr lecker und passen gut
zu Weihnachten."

Sie gab Lona ein Stück, und die
bewegte es vorsichtig im Mund.
Hm, hart war es nicht. Es

schmeckte unheimlich süß.
So etwas hatte sie vorher
noch nie gegessen. Um besser
an die Mandarinenstücke zu
kommen, sprang sie nun
sogar auf Elisas Schoß.
Sie erschrak selbst ein
wenig darüber: So
nah war sie einem
Menschen noch
nie gekommen.

Aber Elisa lächelte und streichelte sie.

Lona entspannte sich, kuschelte sich ein und ließ sich von Elisa die Geschichten aus dem Buch vorlesen.

Zwischendrin sagte Lona: „Weißt du was, das ist mein Lieblingsbuch."

„Keine Kunst", erwiderte Elisa lachend. „Ist ja auch dein einziges Buch. Bisher. Aber zwischen Weihnachten und Neujahr haben wir viel Zeit. Da können wir noch mehr Bücher lesen. Ich habe das ganze Regal voll."

Die beiden vertieften sich wieder in das Buch und keinem fiel auf, dass die Wohnzimmertür nicht richtig geschlossen war. Sie war nur angelehnt, und irgendwann stand die Frau Präsidentin mitten im Zimmer. Lona und Elisa merkten es erst, als die Katze fauchte.

Der Schreck fuhr Lona in alle Glieder. Sie wollte aufspringen und auf ihren Baum rennen, aber dann dachte sie: „Warum eigentlich? Ich bin jetzt auch hier zu Hause. Das ist mein Revier."

Die Katze sah das ganz anders. Sie wollte diesem Eichhörnchen eine Lektion erteilen. Am liebsten würde sie es so doll beißen, dass es schreiend aus dem Haus rennen und niemals wiederkehren würde.

Sie setzte zum Sprung an, und noch einmal, und noch einmal (man weiß ja, wie Katzen so sind), und als sie sich endgültig dazu entschlossen hatte, hörte sie die strenge Stimme von Elisa: „Wage es nicht, Frau Präsidentin!"

Die Katze stutzte, überlegte kurz, und setzte dann wieder zum Sprung an.

Elisa streckte ihren rechten Zeigefinger in die Luft: „Nein, tu es nicht! Ein für allemal. Lona ist mein persönlicher Gast. Und meine Freundin. Wenn du ihr was tust, bringe ich dich ins Tierheim."

Tierheim? Die Katze sackte in sich zusammen. Über das Tierheim hatte sie nichts Gutes gehört. Auf der Straße lernte sie eine Menge andere Katzen kennen, und manche von ihnen waren schon einmal in einem Tierheim gewesen.

Dort war man garantiert keine Präsidentin, sondern nur ein Tier unter vielen. Ohne Sonderbehandlung.

„Miau", sagte die Frau Präsidentin, und das bedeutete:

„Auf wessen Seite stehst du eigentlich? Wir kennen uns nun schon so viele Jahre. Du durftest mir schon tausendmal Futter geben. Du durftest mich schon tausendmal kraulen. Du durftest schon tausendmal mein Katzenklo säubern. Ich habe tausend Nächte in deinem Bett geschlafen. Und jetzt das?"

„Ja, du hast mich schon verstanden!", erwiderte Elisa, weiterhin mit strenger Stimme. Völlig ratlos und verwirrt stand die Frau Präsidentin mitten im Raum.

Sie war kurz davor,
sich umzudrehen
und zu gehen.
Vielleicht für immer.
Vielleicht ganz
weit weg. Hier wurde sie

offenbar nicht mehr geliebt. *Sie* gehörte doch
auf Elisas Schoß, nicht dieses zerzauste Ding
aus dem Wald.

Aber dann wurde sie trotzig. So einfach würde
sie sich nicht vertreiben lassen. Sie setzte sich
auf den Teppich, sah Elisa und Lona an und
machte noch einmal: „Miau!" Das bedeutete:
„Denkt bloß nicht, dass ihr mich vertreiben
könnt. Das ist mein Revier, und ich bin nach
wie vor total gefährlich. O mein Gott,
ist das peinlich hier. Ich
glaube, ich schaue mal, ob
ich eine Maus fangen kann."
Sie stand auf und
stolzierte ganz langsam
aus dem Zimmer.

Elisa streichelte Lona und sagte: „Sie wird dir nichts tun. Verlass dich drauf!"

Lona beruhigte sich allmählich, und bald konnte sie sich wieder ganz auf das Buch konzentrieren.

Plötzlich stand schon wieder jemand im Zimmer. Diesmal war es nicht die Katze, sondern Helga.

„Ich hab's doch geahnt", sagte sie. „Wen haben wir denn da?"

Lona war erschrocken, und wie bei der Katze wollte sie ganz automatisch aufspringen und auf den Baum klettern. Doch sie spürte den sanften und freundlichen Druck von Elisas Händen, die sagten: „Bleib ruhig. Alles ist okay."

„Ist das der Geist der Weihnacht?", fragte Helga weiter.

„Genau. Jetzt kennst du ihn auch. Außerdem ist es meine Freundin Lona. Sie ist ein Eichhörnchen."

„Na, so was!", sagte die Mutter. „Ich hätte sie glatt für einen Frosch gehalten."

„Haha, sehr witzig, Mama!"

Elisa erwartete, dass Helga schimpfen würde. Dass sie sagen würde: „So ein Tier gehört doch

nicht ins Haus. Schaff das raus, wo es hingehört."
Stattdessen fragte sie: „Darf ich es mal streicheln?"
„Da darfst du nicht mich fragen", antwortete
Elisa. „Frag Lona."
Aber Helga gehörte nicht zu den Leuten, die der
Meinung waren, dass man mit Tieren sprechen
konnte. Deshalb streckte sie vorsichtig die Hand
aus, zog sie aber schnell wieder
zurück, weil sie Angst vor den
scharfen Zähnen hatte.

„Na, dann pass auf, dass sie nicht auf die Couch oder auf den Teppich kackt", meinte Helga und ging hinaus.

Elisa sah Lona an: „Jetzt wo sie es sagt … Wo gehst du eigentlich aufs Klo?"

Lona zeigte auf den Kübel, in dem der Baum stand: „Dort."

Elisa lachte und sagte: „Das ist der richtige Platz dafür. Ich schätze, dass du nicht so große Haufen machst wie die Frau Präsidentin. Da reicht es wohl, wenn wir den Kübel einmal pro Woche saubermachen."

17. Kapitel
Ich bin doch keine Maus!

Als Nächster kam Matti herein, gerade in dem
Moment, als die beiden auf der letzten Seite
des Buches angekommen waren. Matti bewegte
sich ganz leise und vorsichtig.

„Du brauchst nicht so zu schleichen. Wir haben
dich schon bemerkt", sagte Elisa.

Lona sah zu Matti hinüber. Aber Angst hatte
sie jetzt nicht mehr. Ihr war klar, dass die
Menschen keine Bedrohung für sie waren.
Solange die Frau Präsidentin nicht auftauchte,
war alles gut.

„Da ist es also, das Eichhörnchen", sagte Matti.
„So schön und fast ein bisschen winzig. Ein so
kleines Eichhörnchen hab ich noch nie gesehen."

„Sie ist auch noch jung", sagte Elisa. „Aber
sie versteht alles, was wir sagen. Sie ist
unheimlich klug."

„Na, wenn das so ist …" Matti wandte sich an
Lona und verbeugte sich sogar. „Dann möchte
ich dich für heute Abend ganz offiziell in
unsere Küche einladen. Zum Abendessen."
Er verbeugte sich noch einmal und ging hinaus.
Lona und Elisa lachten.
„Er könnte auch in einem Märchenfilm mitspielen",
sagte Lona. „Als Diener zum Beispiel."
„Genau. Und so würde er sprechen: Geruhen
die Herrschaften nun zu speisen? Es ist
angerichtet, alleruntertänigst."

Elisa klappte das Buch zu und fragte: „Möchtest
du noch eins lesen?"

„O nein, danke, ich bin ziemlich müde. Ich ziehe
mich auf meinen Baum zurück und schlafe ein
bisschen."

„Okay. Träum was Schönes!" Elisa ging in ihr
Zimmer und beschäftigte sich mit sich selbst.

Am Abend war sich Lona nicht ganz sicher, ob
sie wirklich in die Küche gehen sollte. Vielleicht
war es eine Falle? Vielleicht wurde sie eingefangen
und in ein Heim für streunende Eichhörnchen
gebracht, wo sie hinter Gittern leben musste
und ihre Eltern nie wiedersehen würde?
Andererseits dachte sie: „Wenn man im Leben
immer vor irgendwas Angst hat, dann verkriecht
man sich nur auf seinem Baum und erlebt
nichts. Ich bin zwar klein, aber mutig."
Trotzdem wartete sie, bis sie von Elisa
abgeholt wurde.

„Komm, es sitzen schon alle in der Küche",
sagte das Mädchen.

„Auch die Frau Präsidentin?"

„Nein, die treibt sich irgendwo herum. Außerdem wird sie dir nichts tun. Ich habe ihr ja gesagt, dass sie ins Tierheim kommt, wenn sie sich nicht benimmt."

Lona kletterte vom Baum herunter. Sie war schon wieder voller Lametta. Das ließ sich einfach nicht vermeiden. Elisa klaubte die Lamettafäden aus ihrem Fell und hängte sie wieder an den Baum.

„Im nächsten Jahr können wir auch etwas weniger Lametta verwenden", sagte sie.

In der Küche wurde Lona von allen freundlich begrüßt. Sogar Marlon brummte so etwas wie einen Gruß in ihre Richtung. Keine Falle, nichts. Lona durfte sogar mit am Tisch sitzen. Besser gesagt, sie saß auf dem Tisch.

„Was möchtest du essen?", fragte Elisa.

„Etwas Käse vielleicht?"

„Ich bin doch keine Maus", antwortete Lona.

„Auch wenn ich vielleicht so aussehe."

Das Eichhörnchen begutachtete all die

Lebensmittel, die auf dem Tisch standen: Brot,
Möhren, Tomaten, Gurken, Obst. Es war auch
noch etwas Kartoffelsalat vom Vortrag übrig.
All das hatte sie noch nie gegessen. Und da
sie ja auch ein wenig schüchtern war,
entschied sie sich für das, was sie schon kannte:
eine Walnuss.
Die lag nun vor ihr auf dem Teller, und während
alle anderen mit ihren Messern und Gabeln
hantierten, knackte Lona ihre Nuss.
Dazu bekam sie Wasser, und da ein normales
Glas für sie zu groß gewesen wäre, trank sie
aus einem Eierbecher.
Nach dem Essen
fingen Elisas Eltern
an, neugierige
Fragen zu
stellen: „Wo
kommst du her?"
und „Wer sind deine
Eltern?" und „Wie bist
du in unser Haus gekommen?"

Lonas Antworten musste Elisa natürlich übersetzen. Sie war ja die Einzige, die Squirinisch, die Sprache der Eichhörnchen, verstand. Lona erzählte alles über ihre Familie: was sie für tolle Eltern hatte und dass sie auch sehr oft bei ihrer Oma war. Und sie sprach darüber, wie die Waldarbeiter gekommen waren und ihren Baum ausgegraben hatten, ihre schöne Edeltanne.

„Das war der traurigste Tag in meinem Leben."

„Es tut mir sehr leid, dass wir dir deinen Wohnbaum weggenommen haben", sagte Matti. „Wir haben uns überhaupt nichts dabei gedacht."

„Das stimmt", ergänzte Helga. „Wir stellen uns immer zu Weihnachten einen Baum ins Wohnzimmer. Wir sind nie auf die Idee gekommen, dass da vorher jemand gewohnt hat."

„Es wohnen immer irgendwelche Tiere auf den Bäumen", sagte Lona leise, und Elisa übersetzte.

„Vielleicht können wir das irgendwie wieder gutmachen", sagte Helga. „Zum Beispiel könntest du bei uns wohnen. Dann kannst du deinen Baum weiter nutzen."

„Au ja!", rief Elisa und warf die Arme in die Luft.

„Allerdings weiß ich gar nicht, ob man Eichhörnchen als Haustiere halten darf", gab Matti zu bedenken.

„Oh, ich bin kein Haustier. Ich bin ein Baumtier", verbesserte Lona.

„Stimmt auch wieder", sagte Matti.

Alle schwiegen ein paar Minuten lang. Das Eichhörnchen fühlte sich wohl, sozusagen pudelwohl.

18. Kapitel
Ein neues
Familienmitglied?

Lona stand auf (wobei sie trotzdem kaum ihren
Eierbecher überragte) und verkündete: „Als Dank
für eure Einladung möchte ich euch etwas vor-
führen: meinen berühmten Nusstanz."
Elisa übersetzte das, und die Eltern klatschten in
die Hände. Schnell wurde der Tisch abgeräumt,
damit Lona eine große Tanzfläche hatte.
Sie hatte das schon sehr oft gemacht – in ihrer
Kindheit sowieso, und als sie heranwuchs, war
sie dabei geblieben. Sie hatte immer für ihre
Familie getanzt, und deshalb hieß sie ja auch so:
Lonanatikarula, ‚Die mit der Nuss tanzt'.

Die Nuss war in diesem Falle eine Haselnuss.
Eine Walnuss wäre viel zu groß gewesen.
Lona war ein bisschen aus der Übung. Seit sie
allein lebte, hatte sie nicht mehr so viel Zeit

zum Tanzen. Und so waren die ersten Schritte
noch ein bisschen unsicher. Die Haselnuss
fiel ihr von der Nase, und Lona verwechselte
ihre Füße.

Sie wollte schon aufgeben, aber Elisa lächelte
ihr aufmunternd zu. Da machte Lona weiter,
und von Minute zu Minute ging es besser. Alle
Tanzschritte fielen ihr wieder ein. Sie tänzelte
über den Tisch und balancierte die Nuss auf
der Nase.

„Puh, eine kleine
Pause", sagte sie
nach einer Weile
und setzte sich
auf die Tischplatte.
„He, Marlon", sagte
Matti. „Hol doch mal
meinen Laptop. Damit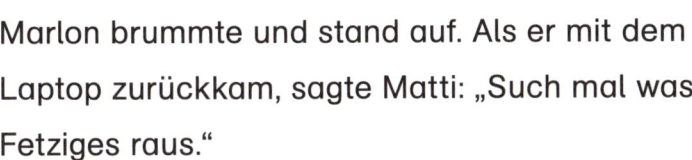
machen wir ein bisschen Musik."
Marlon brummte und stand auf. Als er mit dem
Laptop zurückkam, sagte Matti: „Such mal was
Fetziges raus."

„Na hallo", warf Helga ein. „Das Wort hab ich zuletzt in den achtziger Jahren gehört."

„Welches Wort?"

„Na ja, fetzig. Ich dachte, das Wort gibt's gar nicht mehr."

„Wie soll es denn ein Wort nicht mehr geben?", fragte Matti. „Wörter werden doch nicht einfach abgeschafft. Die bleiben ewig bestehen."

„Aber manches Wort verwendet niemand mehr."

„Doch ich. Ich finde fetzige Musik toll."

„Könnt ihr bitte mal aufhören zu streiten?", fragte Elisa.

Marlon hatte etwas gefunden, und es tönte ein Song von Beyoncé aus den

Lautsprechern. Natürlich hatte Lona das Lied noch nie gehört, aber das machte nichts.

Sie merkte sofort, dass es mit Musik tatsächlich ganz gut ging. Das hätte sie schon viel eher machen müssen, aber in den Wäldern, in denen die Eichhörnchen leben, gibt es nicht so viele Musikanlagen oder Computer oder Handys, aus denen Musik kommen könnte. Und die Eichhörnchen selbst können nicht singen. Wirklich nicht. Sie können auch nicht Klavier oder Gitarre spielen.

Lona wurde eins mit der Musik. Sie wirbelte noch viel schneller als zuvor über den Tisch, drehte Pirouetten und jonglierte zwischendurch mit mehreren Haselnüssen. Es war wirklich eine große Show. Beyoncé hätte ihre Freude daran gehabt. Als das Lied endete, war auch Lona am Ende. Erschöpft ließ sie sich auf die Tischplatte fallen. Alle anderen standen auf und spendeten ihr Beifall und Bravo-Rufe.

Von dem Lärm angelockt, erschien die Frau Präsidentin auf der Bildfläche. Sie blieb mitten im Raum stehen und sah ziemlich empört aus. Ihr Blick schien zu sagen: „Was ist denn hier los? Sind denn alle verrückt geworden?"

Wie konnte es sein, dass ein dahergelaufenes, spindeldürres Eichhörnchen mit den Menschen am Tisch speisen durfte? Und dann bekam sie auch noch Beifall für … ja, wofür eigentlich? Für das, was sie ‚Tanzen' nannte? Das konnte die Katze schon lange, und zwar viel besser. Sie versuchte, einen Tanzschritt zu machen, verrenkte sich dabei aber irgendwas im linken Vorderbein und ließ es lieber wieder bleiben.

Lona hatte die Katze bemerkt, die am Boden saß und ihre Pfote leckte.

Aber hier oben und unter den Menschen fühlte sich das Eichhörnchen vollkommen sicher. Fast wie ein Familienmitglied.

An dieser Stelle könnte diese
Geschichte nun zu Ende sein:
die ungewöhnliche Geschichte
eines Eichhörnchenmädchens
namens Lonanatikarula, die so gut
mit einer Nuss tanzen konnte, wie niemand
sonst auf der Welt. Und die Geschichte eines
Baumes, der unfreiwillig umzog aus einem
kalten, windigen Waldstück in die wohlige
Wärme einer weihnachtlichen Stube.
Und die Geschichte der Parmakoskis,
besonders der kleinen Elisa, die die Sprache
der Tiere verstand.
Aber noch ist die Geschichte nicht zu Ende.
Es gibt noch einiges zu erzählen, zum Beispiel,
dass es Lona in den folgenden Tagen sehr gut
ging. Sie unternahm sehr viel mit Elisa, sah
sich Bücher an, machte Spiele, und sie tanzte
sehr viel. Es kamen immer mehr Freunde und
Verwandte der Parmakoskis zu Besuch. Sie
wollten das wundersame kleine Eichhörnchen
kennenlernen.

Alle wollten Lona tanzen sehen, und sie tat
ihnen den Gefallen. Es machte ihr einen
Riesenspaß, und sie wurde von Tag zu Tag
besser. Sie dachte sich immer neue Tanzschritte aus, neue Drehungen und Sprünge.
Die Besucher waren begeistert.
„Wir sollten vielleicht Eintritt verlangen",
sagte Matti.

19. Kapitel
Ausgesperrt

Die Einzige, der das alles überhaupt nicht gefiel,
war die Frau Präsidentin. Bisher war sie hier der
Star gewesen, und plötzlich schauten alle auf
Lona. Sie bekam den Applaus und die Bewun-
derung. Sie durfte sogar mit den Menschen am
Tisch essen. Das durfte die Katze noch nie.
Gern hätte sie das schmale Eichhörnchenmädchen mal so richtig gekratzt und gebissen
oder wenigstens angefaucht, aber sie traute
sich nicht. Elisas Satz klang ihr immer noch in
den Ohren: „Wenn du Lona etwas tust, bringe
ich dich ins Tierheim."
Lona hatte sogar ein bisschen Mitleid mit der
dicken Katze. Sie wollte ja niemandem in dieser
Familie den Platz wegnehmen.

Von ihrer Oma hatte Lona gehört, dass die
Katzen ein geheimes Leben hatten, von dem die
Menschen nichts wussten. Dieses Leben spielte
sich nachts ab, und Lona war nur zu neugierig,
etwas über das Nachtleben der Frau Präsidentin
zu erfahren. Also legte sie sich eines Nachts
auf die Lauer und folgte ihr. Die Frau Präsidentin
quetschte sich durch die Katzenklappe
(Mein Gott, sie sollte wirklich aufhören, so viel
zu fressen!), und Lona tat es ihr gleich.
Es war seltsam, wieder einmal draußen zu sein.
Lona roch die kalte Nachtluft, den Schnee und
die Nadeln der Kiefern aus dem nahen Wald.
Das war aufregend. So aufregend, dass sie
fast die Katze aus den Augen
verloren hätte.
Schnell hinterher!
In dieser Nacht
liefen die beiden
mehrere Kilometer,
kreuz und quer durch
die Nachbarschaft.

Die Frau Präsidentin jagte hinter Mäusen her und traf andere Katzen und Kater, mit denen sie plauderte. Lona konnte nicht zu nah heran gehen, um nicht gesehen zu werden, aber ein paar Gesprächsfetzen fing sie doch auf:
Es ging immer darum, dass sich die Katze über das neue Haustier beschwerte, das von den Menschen so bevorzugt wurde.

„Ich bin kein Haustier, sondern ein Baumtier! Wie oft denn noch!", zischte Lona, aber leise genug, dass sie nicht gehört wurde.

Die Katze strich durch fremde Gärten und bediente sich an Fressnäpfen, die im Freien standen und noch nicht vollständig geleert waren. Irgendwann hatte sie genug und ging nach Hause. Zurück durch die Katzenklappe. Lona wartete zwei Minuten draußen, denn sie wollte nicht im Hausflur auf die Katze treffen. Dann folgte sie ihr. Das heißt, Lona wollte ihr folgen, aber die Klappe funktionierte nicht. Sie ging nicht auf. Was hatte das denn zu bedeuten? Eine Klappe, die nur Katzen durchließ? Woher wusste die Klappe, wer davorstand?

Lona versuchte zu miauen, aber das funktionierte nicht sehr gut. Es klang wirklich nicht echt, und so eine intelligente Katzenklappe lässt sich von einem falschen Miauen natürlich nicht hereinlegen. Also umkreiste Lona das ganze Haus auf der Suche nach einem anderen Eingang.

Die Garagentür war zu, und alle Kellerfenster waren ebenfalls geschlossen. Kein einziger Durchschlupf war zu finden.

Lona betrachtete den kalten Sternenhimmel

und dachte daran, dass das vielleicht ein Zeichen für sie war. Vielleicht sollte sie nach Hause gehen und sich einen neuen Wohnbaum suchen. Allerdings wusste sie gar nicht, in welche Richtung sie gehen sollte. Sie wusste nicht einmal, wie weit sie von ihrem Wald entfernt war. Und außerdem konnte sie nicht einfach weggehen, ohne sich zu verabschieden. Von Elisa und den anderen freundlichen Menschen. Also sprang Lona hinauf zu Elisas Fenster und schlug ihre Pfote gegen die Scheibe. Aber das war kaum zu hören. Daraufhin begann sie, am Rahmen zu kratzen. Sie kratzte eine Minute lang, noch eine und noch eine. Leider schlief Elisa so tief, dass sie überhaupt nichts hörte. Lona machte eine Pause und kratzte danach erneut, jetzt noch heftiger. Die Katze lag inzwischen in Elisas Bett, am Fußende, wie sie es gewohnt war. Sie hörte das Kratzen sehr wohl, aber natürlich dachte sie gar nicht daran, Elisa zu wecken. Sollte sich das Eichhörnchen da draußen ruhig einen Husten und einen Schnupfen holen!

Elisa hörte das Kratzen schließlich auch, aber zunächst nur im Schlaf. Sie dachte, es gehörte zu ihrem Traum. Da half sie ihrer Mama nämlich gerade beim Backen. Das Geräusch kam daher, dass sie die Schüssel mit einem Löffel auskratzte. Als die Schüssel leer war, legte sie den Löffel beiseite, aber das Kratzen hörte nicht auf.

Seltsam!

Irgendwann wachte sie doch auf und stellte fest, dass das Kratzen vom Fenster kam. Sie stand auf, sah hinaus und war sehr verwundert.

Träumte sie denn immer noch? Wieso saß Lona da draußen?

Elisa machte das Fenster auf und ließ das Eichhörnchen herein.

„Was ist passiert?"

„Ich habe einen Ausflug gemacht, aber die Katzenklappe hat mich nicht wieder hereingelassen."

„O ja, die Klappe. Sie lässt außer der Frau Präsidentin niemanden ins Haus."

Elisa nahm Lona auf den Arm und streichelte sie: „Du bist ganz kalt. Kein Wunder."

„Ach, das macht mir nichts aus. Wir Eichhörnchen sind es gewohnt, bei jedem Wetter
draußen zu sein."

„Miau!", dachte die Katze. Diesmal bedeutete
es: „Sie wird dieses Ding jetzt doch nicht mit ins
Bett nehmen. Dann gibt es Krieg, aber richtig!!!"
Nein, soweit wollte Elisa wirklich nicht gehen.
Sie trug Lona ins Wohnzimmer und setzte sie
auf einen Ast des Weihnachtsbaumes.

„Na dann, gute Nacht. Ist es für dich in Ordnung,
wenn ich gleich wieder ins Bett gehe? Ich bin
total müde."

„Na klar, Elisa. Gute Nacht."

Das Mädchen ging wieder ins Bett, aber Lona
war in dieser Nacht noch lange wach. Sie
dachte an ihre Eltern und an ihre Freunde,
die irgendwo da draußen waren in dieser
finsteren Nacht.

20. Kapitel
Ein neues Jahr

Und dann kam Silvester! So etwas hatte Lona
natürlich noch nie erlebt. Sie hörte das Knallen
von Böllern, und sie sah Raketen zum Himmel
steigen.

Tiere haben Angst vor dieser Knallerei, und da
waren sich Lona und die Frau Präsidentin
ausnahmsweise einig. Nebeneinander saßen
sie drinnen hinter dem geschlossenen Fenster,
wo sie vor dem Lärm und den grellen Blitzen
geschützt waren.

Um Mitternacht stießen alle miteinander an,
mit Kindersekt. Ein neues Jahr begann. Wie
aufregend das war! Die Knallerei mochten die

Parmakoskis auch nicht besonders. Sie brannten nur auf der Terrasse ein paar Wunderkerzen ab. Vor denen hatte Lona keine Angst. Die Nachbarn grüßten über die Hecke und sagten: „Ach, da ist ja euer süßes Eichhörnchen. Ein glückliches neues Jahr!"
Sie feierten noch ein bisschen weiter, und Lona brachte ihren neuen Freunden den Nusstanz bei. Als alle kaputt waren, fielen sie in ihre Betten.

Am Neujahrstag standen alle zu ganz unterschiedlichen Zeiten auf. Zuerst die Katze, um halb fünf. Sie räkelte sich,  trank etwas Wasser, zwängte sich durch die Katzenklappe nach draußen und sah sich das neue Jahr an. Hm, es sah fast genauso aus wie das alte.
Die Nächste war Lona: 6.00 Uhr. Sie war zwar nicht ausgeschlafen, stand aber trotzdem auf. Kein einziges Eichhörnchen auf der ganzen Welt steht später als 6.00 Uhr auf.

Das ist eines der unumstößlichen Naturgesetze.
Lona spazierte gähnend in die Küche und holte
sich zwei oder drei Walnüsse.

Um acht stand Helga auf, allerdings nicht
freiwillig. Die Frau Präsidentin war zurück und
hatte Hunger. Also weckte sie einen ihrer
Büchsenöffner. Helga übernahm den Futterdienst
widerwillig, danach legte sie sich noch mal hin.
Elisa erwachte um 8.47 Uhr. Sie ging kurz aufs
Klo und besuchte danach Lona. Matti schnarchte
um diese Zeit noch kräftig, aber kurz darauf
hatte er einen unangenehmen Traum.
Er wurde von einem seltsamen Monster verfolgt.
Das Monster war riesig und schwarz, hatte aber
rosafarbene Füße. Und während

es hinter Matti herlief, rief
es ununterbrochen:
„Ein Klavier ist keine
Treppe, versteh
doch, ein Klavier ist
keine Treppe!"

MAAAAUU

Kurz bevor das Monster ihn erreichte, erwachte er mit einem Schrei (das war um 10.11 Uhr).

Von dem Schrei wiederum erwachte Helga und fragte: „Was ist denn los, Schatz?"

„Ein Klavier ist ein Klavier", antwortete Matti.

„Was soll es denn sonst sein?", fragte Helga mürrisch.

„Weiß nicht. Jedenfalls keine Treppe, sagt das Monster."

„Ich glaube, du hast gestern zu viel Kindersekt getrunken", stellte Helga fest.

Nun konnten beide nicht mehr schlafen. Sie standen auf und machten Frühstück für alle. Nur Marlon nahm daran nicht teil. Der schlief bis 16.00 Uhr.

Während des Frühstücks war Lona ungewohnt still. Sie sagte kaum ein Wort, und sie aß auch nicht viel. Sie trank nur langsam ihr Wasser aus dem Eierbecher und knabberte dazu einen winzigen Keks.

„Was hast du denn?", fragte Elisa.

„Können wir nach dem Frühstück reden?", flüsterte Lona.

„Na klar."

Sie halfen noch beim Abwasch und gingen dann in Elisas Zimmer.

„Bist du vielleicht krank?", fragte das Mädchen.

„Oder einfach nur müde von gestern? Das kann ich verstehen."

„Nein, es ist viel schlimmer. Ich habe Sehnsucht und Heimweh. Es ist so schön bei dir. Alle sind gut zu mir. Sogar die Frau Präsidentin, wobei das bei ihr bedeutet, dass sie mich einfach nur nicht frisst. Was ich sagen will: Ich fühle mich bei euch schon fast heimisch. Ich fühle mich fast, als würde ich zur Familie gehören.

Und ganz nebenbei, dieses Haus ist das beste

Nüsseparadies, das es auf der Welt gibt."

Elisa lächelte: „Aber nur zu Weihnachten. Sonst herrscht hier eher Nussarmut."

„Trotzdem. Ich muss zurückkehren in meinen Wald und zu meiner Familie."

„Aber dein Baum ist doch nicht mehr da. Wo willst du denn hin? Willst du etwa wieder bei deinen Eltern einziehen?"

„Ich suche mir einen neuen Wohnbaum."

Elisa senkte den Kopf und zupfte an der Decke herum, die auf ihrem Bett lag.

„Ich kann dich verstehen. Ich möchte auch nicht für lange Zeit von zu Hause weg sein. Und deine Eltern vermissen dich garantiert. Wenn es dich nach Hause zieht, dann solltest du das machen. Aber du musst mir versprechen, dass du uns ab und zu besuchst."

„Ja, das verspreche ich", sagte Lona und sprang auf Elisas Schoß.

21. Kapitel
Die Rückkehr

Elisa rief den großen Familienrat zusammen
und verkündete Lonas Beschluss.
„Es ist sehr schade, dass du uns verlässt",
sagte Matti. „Aber wahrscheinlich ist das für
dich das Beste."
Alle waren traurig, aber sie konnten Lona auch
verstehen. Sie gehörte nun einmal in den Wald.
Sie war schließlich ein Eichhörnchen und keine
Hauskatze wie die Frau Präsidentin.
„Aber wie soll sie ihren Wald wiederfinden?",
fragte Elisa.
Zunächst waren alle ratlos, doch Helga hatte
eine Idee: „Wisst ihr was, ich rufe bei der Firma
an, die uns den Baum gebracht hat. Die können
uns das bestimmt sagen."
Sie musste mehrere Anrufe machen, doch dann
wusste sie ganz genau, woher der Baum stammte.

„Wir fahren dich dorthin", sagte Matti. „Kein Problem."

„Da wäre aber noch eine Sache", bemerkte Helga. „Ich hätte immer ein schlechtes Gewissen, wenn ich deinen Baum ansehen würde. Es ist nicht richtig, dass er bei uns ist. Es ist doch dein Baum."

„Ja ... das stimmt schon", sagte Lona langsam. „Aber ich kann mir einen neuen suchen."

Elisa übersetzte, doch Helga sagte: „Nein, wisst ihr was? Wir bringen den Baum einfach wieder an den Platz, an den er gehört."

Matti schüttelte den Kopf: „Wie willst du das denn machen?"

„Uns fällt da schon was ein."

Sie riefen bei allen Verwandten und Freunden

an, die in den letzten Tagen
bei ihnen gewesen waren,
um Lona tanzen zu sehen.
Fast alle erklärten sich
bereit, zu helfen.
Einer konnte sogar ein ganz
spezielles Fahrzeug besorgen,
das einen Greifarm hatte
und mit dem

man Bäume
transportieren konnte.

Am nächsten Morgen
standen alle vor dem
Haus. Doch zuerst musste
der Baum abgeschmückt
werden. Helga packte
das Lametta wieder vorsichtig
in den Karton. Das war
sehr ungewohnt.

Meistens hatten sie den Weihnachts- baum noch bis Ende Januar stehen gelassen, manchmal sogar noch länger. Und da dieser in einem Kübel stand, mit seinen ganzen Wurzeln, hätten sie ihn eigentlich für immer im Wohnzimmer stehen lassen können. Aber das wäre nicht richtig gewesen. Es kann ja nicht das ganze Jahr Weihnachten sein.

„Ein bisschen Lametta könnt ihr mir vielleicht dranlassen", bat Lona. „Ich hab mich dran gewöhnt."

Elisa übersetzte für die anderen, und Helga lachte: „Das können wir machen. Für das nächste Weihnachten kann ich ja wieder mal eine neue Packung kaufen."

„O ja, schönes neues, unzerknittertes Lametta!", rief Elisa und alle lachten.

Der Baum wurde hinausgetragen und auf den
Laster verladen. Bevor sie losfuhren, musste Lona
aber noch etwas erledigen: Sie wollte sich von
der Frau Präsidentin verabschieden. Und das sah
so aus: Sie standen sich eine Minute schweigend
gegenüber. Die Katze bewegte ihren Schwanz
nervös hin und her. Lona war völlig unbeweglich.
Endlich sagte sie: „Ich gehe nach Hause, und
du bist wieder das einzige Haustier. Danke,
dass du mich nicht gefressen hast."
Die Katze antwortete: „Miau!", und das bedeutete
in diesem Falle: „Gut, dass du gehst. Aber ich muss
sagen, du bist vielleicht nicht das allerschlechteste
Eichhörnchen der Welt. Alles Gute!"
„Dir auch alles Gute!"
Damit drehten sich beide um und gingen in
verschiedene Richtungen davon.

Die Fahrt konnte beginnen. Diesmal musste
Lona nicht oben auf der Ladefläche mitfahren.
Sie fuhr mit den Parmakoskis im Auto hinterher.
Sie fanden den Platz, an dem der Baum
ursprünglich gestanden hatte, ziemlich schnell.
Dort wartete schon Lonas gesamte Familie:
die Eltern, die Oma und die Geschwister.
Der Buschfunk hatte hervorragend funktioniert.
Es gab ein Wiedersehen mit vielen Umarmungen
und vielen Tränen. Elisa hatte als Geschenk
eine große Tüte voller Walnüsse mitgebracht.
Trotzdem hielten sich die meisten Eichhörnchen
ein wenig abseits von den Menschen. Sie waren
ziemlich schüchtern.
Dann ging es ans Einpflanzen des Baumes. Alle
packten mit an. Mit Hilfe des Greifarms wurde

die Edeltanne aus dem großen Kübel heraus-
gehoben und wieder in das Erdloch gestellt.
Danach wurde das Loch mit frischer Erde
aufgefüllt. Zum Glück war einer dabei, der sich
mit Bäumen auskannte. Er hatte einmal in einer
Baumschule gearbeitet.

„Das dauert eine Weile, bis die Wurzeln wieder
richtig in den Boden hineinwachsen und der
Baum stabil steht", sagte er fachmännisch.

„Er muss ja auch mal einen Sturm aushalten.
Bis er das von selbst kann, müssen wir ihm helfen."
Sie spannten einige Seile vom Stamm des
Baumes auf den Boden und zu Nachbarbäumen.

„So, jetzt probier das mal aus", sagte Elisa
zu Lona. „Mal sehen, ob der Baum dein
Gewicht aushält."

Leichtfüßig sprang das Eichhörnchenmädchen
am Stamm empor, und fühlte sich sehr
glücklich dabei. Es war fast wieder wie früher,
abgesehen von den Seilen, die den Baum hielten,
und natürlich vom Lametta. Auch zwei kleine
rote Kugeln hingen noch im Geäst.

Noch einmal tanzte Lona für alle und balancierte die Haselnuss auf ihrer Nase. Sie bekam einen langen Applaus und Bravo-Rufe.
(Die Frau Präsidentin wäre wahrscheinlich durchgedreht.)
Dann hieß es, Abschied nehmen.
Alle versprachen, sich so bald wie möglich gegenseitig zu besuchen.
Ganz am Ende sagte sogar Marlon etwas:
„Mach's gut, Eichhörnchen!"
Und er winkte, während sie wegfuhren.

Von nun an fuhren die Parmakoskis sehr oft in den Wald, um Lona und ihre Familie zu besuchen. Bei schönem Wetter machten sie unter Lonas Baum ein Picknick.

„Hier ist es doch noch schöner als auf dem Teppich in unserem Wohnzimmer", sagte Helga einmal, und alle anderen stimmten ihr zu.

Und zum nächsten Weihnachtsfest holten sie Lona ab. Sie blieb eine ganze Woche bei den Parmakoskis, von Heiligabend bis Silvester. Sie zündeten Wunderkerzen an, und Neujahr brachten sie das Eichhörnchen wieder nach Hause.

Die Parmakoskis hatten jetzt einen künstlichen Weihnachtsbaum, den sie trotzdem genauso schmücken konnten wie einen echten: mit all den glänzenden Kugeln, den Lichtern, dem gebrauchten Lametta und einem Stern oben auf der Spitze. Denn sie wollten nie wieder einem Tier das Zuhause wegnehmen.

© Hubert Schirneck

Hubert Schirneck

wurde 1962 in Gera geboren und schreibt Gedichte, Drehbücher und Erzählungen für Erwachsene und Kinder. Seine Werke wurden in zahlreiche Sprachen übersetzt. Seit 2012 ist Hubert Schirneck Mitglied des PEN-Zentrums Deutschland. Er lebt in Weimar.

Schirneck ist eine Mischung aus Loriot, Erich Kästner und Douglas Adams.
Mitteldeutscher Rundfunk

© Simon Povazzai

Franziska Harvey

studierte Grafikdesign mit den Schwerpunkten Illustration und Kalligrafie an der Fachhochschule Wiesbaden. Heute arbeitet sie als freie Illustratorin und hat bereits weit über 100 Bücher bebildert. Für den JUMBO Verlag hat sie u. a. die Reihe „Die Nordsee-detektive" illustriert.
Franziska Harvey lebt in Frankfurt am Main.